**Franckhs
Eisenbahnbibliothek**

Alfred B. Gottwaldt

Autos auf Schienen

Franckh'sche Verlagshandlung
Stuttgart

Mit 12 Farbfotos, 172 Schwarzweißfotos und 7 Schwarzweißzeichnungen

Umschlaggestaltung von Siegfried Fischer

CIP-Kurztitelaufnahme der Deutschen Bibliothek

Gottwaldt, Alfred B.:
Autos auf Schienen / Alfred B. Gottwaldt. –
Stuttgart : Franckh, 1986.
  (Franckhs Eisenbahnbibliothek)
  ISBN 3-440-05623-6

Zum Titelbild: Ganz ähnlich wie die schwedischen Autodraisinen von Hilding Carlsson (siehe S. 46) baute auch eine dänische Firma ihre Inspektionsfahrzeuge: Von G. Meulengracht Jensen in Kopenhagen stammt das Bahnauto der „Freunde des Schienenverkehrs Flensburg". Das dreiplätzige Gefährt wurde 1955 für Bahnmeister gebaut und hat einen Ford-Motor mit 1300 cm² Hubraum und etwa 50 PS Leistung. Das Mobil ist ganze 3,4 m lang und wiegt rund 1200 kg; zu wenig, um die Schienenkontakte des automatischen Streckenblocks und der zugbetätigten Bahnschranken auszulösen. Die Wagen wurden daher um 1978 aus dem Dienst der Dänischen Staatsbahnen genommen. Einer wird nun museal aufbewahrt, und zwar auf der Angelner Dampfeisenbahn von Kappeln nach Süderbrarup bei Flensburg. Im Hintergrund die Dampflok F-654 (Frichs 358/1949), ebenfalls von den DSB. Aufnahme von W. Hanisch, 18. Juni 1983.

Franckh'sche Verlagshandlung, W. Keller & Co., Stuttgart/1986
© 1986, Franckh'sche Verlagshandlung, W. Keller & Co., Stuttgart
Printed in Germany/Imprimé en Allemagne
L 10ab H os/ISBN 3-440-05623-6
Satz und Druck: Brönner & Daentler KG, Eichstätt

Foto S. 2: Schienenbus der F. C. Huancayo – Huancavelica in den peruanischen Kordilleren, aufgenommen von Harald Navé 1975. Der 1935 gebaute Bus wurde damals nur noch für Inspektionsfahrten eingesetzt und verstärkte auf dem Rückweg den regulären Triebwagen. Gut zu erkennen ist der Kettenantrieb der Hinterachse. Siehe auch S. 111.

Vorbemerkung

Zwei „feindliche Brüder", nämlich das Auto und die Eisenbahn als konkurrierende Verkehrsmittel der Neuzeit, sind im Thema dieses Buches zusammengefaßt: handelsübliche Kraftfahrzeuge aus den Jahren zwischen der Jahrhundertwende und dem heutigen Tage, die im Lauf der Zeit den Weg von der Straße auf die Bahnschiene gefunden haben. Mitunter hat man auch den umgekehrten Weg beschritten und schwere Dampfwagen oder „gleislose Kraftzüge" auf die Straßen gestellt, doch das „Auto auf Schienen" war eine viel weiter verbreitete Erscheinung. Sie soll hier dokumentiert werden.

Dieser Begriff der „Autos auf Schienen" umfaßt ein sehr weites Feld: In technischer Hinsicht verstehen wir darunter einfach Pkw, Busse und Lkw, die durch Anpassung der Spurweite und Montage von Spurkranzrädern zum Fahren auf Eisenbahngleisen hergerichtet worden sind. Das Spektrum reicht von der kleinen Draisine auf der Basis des VW-Käfers bis hin zum schweren Dreiachs-Lastwagen oder zum Sattelschlepper mit Auflieger. Zu den Aufgaben dieser ausgefallenen Schienenfahrzeuge gehören Bahnmeisterfahrten ebenso wie planmäßige Personenbeförderung auf Sylt oder in Südamerika. Betrieblich wurden die „Autos auf Schienen" zumeist – wie die etwas stabileren Draisinen – als „Kleinwagenfahrten" abgefertigt, von denen die üblichen Schienenkontakte der Sicherungsanlagen nicht ausgelöst werden konnten, und die deshalb besonderer Aufmerksamkeit bedurften. Notfalls war die Strecke durch Aussetzen auf den „Rand" oder durch Drehen vermittels eingebauter Wendeeinrichtung schleunigst zu räumen. Viele Automobile wurden auch im Krieg auf Schienen gesetzt, um über die Strecken zu patrouillieren. Lastwagen erhielten Puffer, um im Verschub zu helfen. Der Übergang zu den regelrechten Bahndraisinen nach besonderer Konstruktion war immer fließend; Improvisationsvermögen der Werkstätten ist wohl das wichtigste Element in der Geschichte der „Autos auf Schienen" gewesen.

Bestimmte Randgebiete des Themas können in diesem Buch nicht näher behandelt werden. Es gab auch Motorräder und Mopeds auf Schienen, es gab umgebaute Panzerautos auf Schienen und viele Draisinen mit normalen Automobil-Motoren, schließlich auch den skrupellosen Aufbau von Lieferwagen-Kabinen auf motorisierte Loren der Feldbahnen – das waren aber alles keine „echten Autos auf Schienen".

Das Schienenauto gibt es heute, wenn man es auf die Ideen Gottlieb Daimlers zurückführt, seit genau hundert Jahren: Er sah 1886 in seiner neuen Kraftmaschine einen revolutionären Antrieb, der zugleich das Pferd des Straßenzuges und die Dampfmaschine der Lokomotive bei der Eisenbahn recht bald ablösen konnte. Es sollte allerdings noch über siebzig Jahre dauern, ehe Daimlers Träume bei der Eisenbahn zur Realität wurden, während Benz mit seinem Plan eines durchkonstruierten Straßenautos viel früher Erfolg zu haben schien; ehe um 1930 die ersten brauchbaren Motortriebwagen gebaut wurden, hatte man bereits mancherlei „normale Autos" auf Schienen gesetzt. Schon 1910 wurde erkannt, daß mit dem Verbrennungsmotor ein Weg zum billigeren Bahnbetrieb aufgetan war, und mit dem Beginn des Ersten Weltkrieges setzte sich die Idee international durch, in Krisenzeiten und bei Geldmangel mit „Autos auf Schienen" zu fahren. Triebfahrzeuge dieser Art waren erst einmal billiger in der Anschaffung, wenn sie auch kürzer halten mochten.

Eine besondere „Hochzeit" erlebten diese Vehikel in den motorbesessenen Jahren nach 1925, als endlich robuste Motorwagen und vielfältige „Schienen-Busse" herauskamen. In dieser Zeit, die ihre Erfahrungen bald an die Epoche des Zweiten Weltkrieges zum Bau von Militär-Schienenlastern weitergeben mußte, kam vom Cadillac bis zum Austin und vom Mercedes-Benz (Bild von 1935) bis zum Tatra fast jedes Automobil auch auf Schienen zum Einsatz. Das gilt ebenso für Lastwagen und Omnibusse auf Schienen, die damals auf vielen Kleinbahngleisen ihrer Auto-Konkurrenz gleichen Typs auf der Straße begegnen sollten. Hinzu kamen „Zwitter" wie der Wismarer Schienenbus und der französische Michelin-Wagen, die Konstruktionsprinzipien von Straßen- und Schienenfahrzeug zu vereinen trachteten; gern mit Automotoren und vielleicht mit Gummireifen, aber jedenfalls im Aufbau stabiler als ein Straßenfahrzeug.

Die wichtigsten technischen Probleme bestanden im Erreichen der gewünschten Bahn-Spurweite zwischen 600 mm und 1676 mm, je nach Einsatzgebiet, und im Kampf mit dem Spiel der gefederten Räder, durch das sich die Spurweite gefährlich ändern konnte, endlich auch in der Materialermüdung aufgrund der besonderen Schwingungsverhältnisse bei rascher Schienenfahrt. Stabile Starrachswagen der Vorkriegszeit eigneten sich demnach besonders gut zum Dienst auf Schienen, und auch ein kräftiger Leiterrahmen war den Beanspruchungen besser gewachsen als eine moderne selbsttragende Karosserie. Daher werden solche Mobile heute allmählich seltener. Daneben geht der Trend zu „Zweiwege-Fahrzeugen" und zu „Schienen-Bussen" besonderer Konstruktion von Thomas, Leyland und Ganz-Mavag.

Eine erste Bearbeitung des Themas wurde im LOK-MAGAZIN 124 vom Januar 1984 versucht. Bald darauf, 1985, erschien in Stockholm ein ansehnliches Buch von Ekström/ Ericson/Karlsson zum Thema, das sich überwiegend skandinavischen „Autos auf Schienen" widmet. Eine französische Arbeit über die „Michelinen" und ihre Verwandten ist in Vorbereitung. Verschiedene Auto-Zeitschriften haben das Thema aufgegriffen. Mit diesem Buch wird eine erste umfassende Bestandsaufnahme des Themas unter besonderer Berücksichtigung der Bahnen in Mitteleuropa vorgelegt. Sie stellt die Entwicklung überwiegend in zeitlicher Reihenfolge von den Schienen-Globetrottern der Jahrhundertwende bis zu den schwedischen „Pflugmotorschleppern" und den südamerikanischen „Ferrocarriles" unserer Tage dar.

Bei dieser Arbeit haben uns viele Freunde und Kollegen aus dem Kreis der Museen und der Eisenbahnfreunde, der Staatsbahnen, der Bildarchive und der Industrie bestens unterstützt, und ihnen gebührt dafür der Dank des Lesers, des Verlages und des Verfassers.

A. G.

1. Kapitel:
Die Schienenautos der Jahrhundertwende

Ein Globetrotter auf Schienen

In der Zeit zwischen Jahrhundertwende und Erstem Weltkrieg hatten die „Weltfahrten" und „Transkontinentalreisen" mit dem Automobil eine erste Blütezeit. Die Möglichkeiten des neuen Verkehrsmittels wurden bis an die Grenzen ausgereizt, und in der Presse wurde intensiv darüber berichtet. Ein englischer Weltenbummler namens Glidden machte mit einem „Napier" anno 1907 seine große Tour durch die Vereinigten Staaten und Mexiko teilweise auf Schienen, um Wüstengelände leichter durchqueren zu können. Im Bild die „Begegnung mit einem Expreß-Zug" in New Mexico. 1904 hatte er Kanada bereist.
Über besonderes Ungemach während der Schienenfahrt berichtete die Allgemeine Automobil-Zeitung, Heft 5 von 1907: „Ein Unfall Gliddens. Mr. S. F. Edge hat von Mr. Glidden, der soeben einen Teil seiner diesjährigen Tour vollendet hat, einen Brief erhalten, in dem Glidden in launiger Weise einen Unfall schildert, der ihm während der Zeit, wo er auf den Schienen einer Eisenbahnlinie fuhr, zustiess. Es war beim achtzigsten Kilometer, der Wagen fuhr mit einer Geschwindigkeit von etwa 28 Meilen, als die Vorderräder plötzlich gegen einen zwischen den Schienen liegenden Felsen stiessen und sofort hochsprangen. Die Hinterräder folgten, und als der Staub sich verzogen hatte, war der Wagen sich überschlagend gegen einen Felsen gefahren und machte einen bedauernswürdigen Eindruck."

Foto: Canadian Pacific

Mit dem Schienenauto auf der Steilstrecke

Auf der schweizerischen Zahnradbahn von Rorschach nach Heiden, die 90‰ Steigung aufweist, wurde am 24. Januar 1908 experimentiert, was Gummireifen und Automotoren im angestrengten Bahnbetrieb zu leisten vermögen. In einer alten Chronik des Lieferwerkes Adolph Saurer, Arbon, lesen wir dazu: „Probefahrt mit einem 30 P.S. Tourenwagen auf der Zahnradbahnstrecke Rorschach – Heiden. Normale Wagenräder mit Pneux, seitlich mit einem Spurkranz aus Blech". Es heißt, daß der Wagen selbst mit 12 Personen an Bord anstandslos über die Strecke gekommen ist. Versuche mit eigens gebauten Hartgummirädern schlossen sich an, doch mehr hörte man nicht von der Geschichte.

1938 versuchte die Bahngesellschaft, einen Schienenbus mit Luftbereifung planmäßig einzusetzen, doch beendete Materialmangel im folgenden Krieg auch diesen Test. Über weitere Schienenautos in der Zeit vor dem Ersten Weltkrieg schrieb die „Allgemeine Automobil-Zeitung" in Heft 8 des Jahrgangs 1913: „Das Automobil als Draisine im Bahndienst hat seit einiger Zeit der Bahningenieur der Berner Alpenbahn und Bern-Neuenburg-Bahn, Herr Albert Gagg, zu verwenden gesucht. Die Räder eines gewöhnlichen Automobils werden mit stählernen Ringen versehen, die, innerhalb der Felgen angebracht, im Straßenverkehr kaum sichtbar sind. Zur Umwandlung in eine Draisine werden die Eisenbahnräder fest an die stählernen Ringe angeschraubt und auf diese Weise mit einem 18-PS-Wagen weit größere Geschwindigkeiten erzielt als mit den jetzt überall im Gebrauch stehenden Bahndraisinen."

Zu den frühesten und zugleich zu den bekanntesten Omnibussen auf Schienen gehört ein Fahrzeug der Sächsischen Staatsbahn aus dem Jahre 1910, Bild rechts oben. Die Verwaltung besaß damals bereits eine größere Anzahl von Straßenbussen, darunter das Fabrikat Nacke,

und richtete kurz vor dem Ersten Weltkrieg den Wagen mit dem amtlichen Kennzeichen „II-9015" zum Gleisbetrieb her. Auf die recht kleinen Vollgummiräder wurden Eisenbandagen mit Spurkranz geschraubt, dazu kamen Druckluftpfeife, Warnglocke und die bahnüblichen Signaleinrichtungen. Der Wagen bot 18 Reisenden Platz und hatte etwa 30 PS Motorleistung. Über sein weiteres Schicksal ist nichts bekannt.

Die nächste Aufnahme (rechts) zeigt einen 1914 gebauten Fiat des Typs „Zero A", der heute zum Bestand des finnischen Eisenbahnmuseums in Hyvinkää zählt. Dieses Mobil hatte einen Motor von rund 15 bis 20 Pferdestärken; es wurde 1934 ausgemustert.

Fotos: Saurer AG, Contius, Rautatiemuseo Hyvinkää

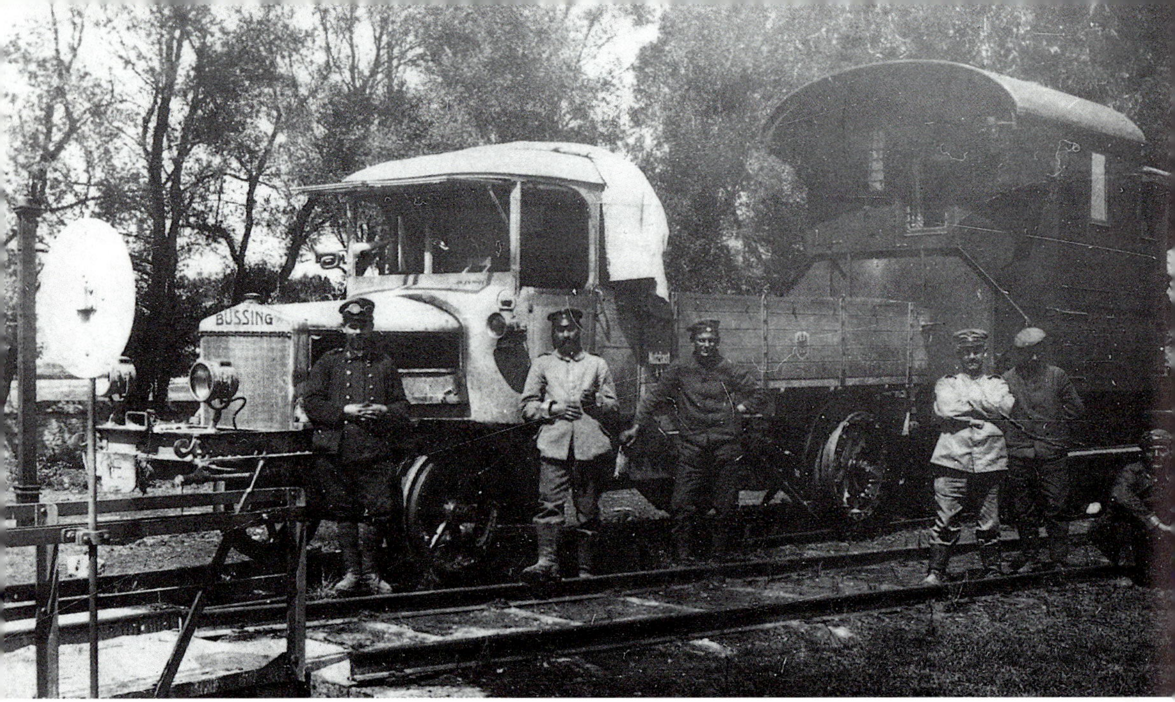
BÜSSING

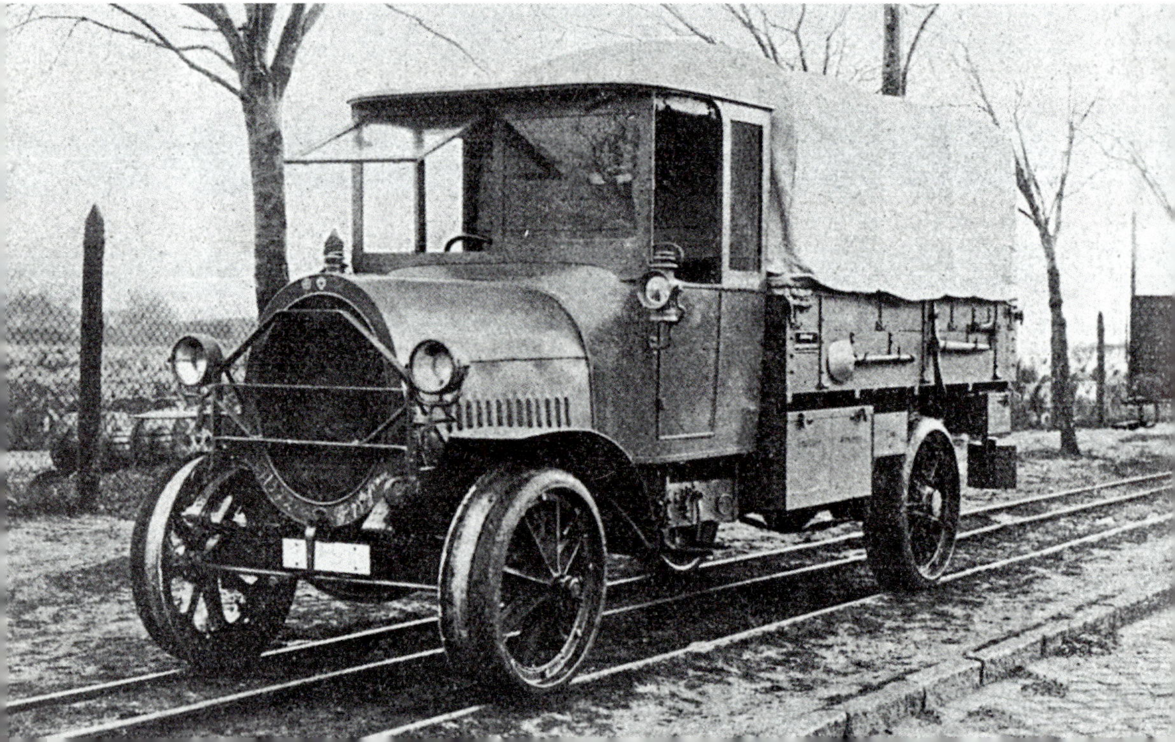

2. Kapitel:
Schienenautos im Ersten Weltkrieg

„Im Felde der Tank, auf Schienen das Auto"

Während des Ersten Weltkrieges waren auf technischem Gebiet zahlreiche Erneuerungen und Durchbrüche zu verzeichnen, deren Folgen auf zivilem Gebiet später noch erheblich weitere Dimensionen erlangten: Erst mit diesem Krieg wurde der Verbrennungsmotor von Benz, Daimler und Otto – später auch von Diesel – zur Universalmaschine, die eine Ablösung sogar der Dampfmaschine in vielen Bereichen versprach.

Schlachten wurden nun mit „Tanks" statt mit Pferden geschlagen, und auf der Schiene wurde der Motorwagen zum Hilfsmittel an den

Stellen, wo Dampflokomotiven fehlten oder zu teuer erschienen. Hier beginnt eigentlich die Ära der „Autos auf Schienen".

Auf beiden Seiten der Front traten solche Vehikel auf. Unten „das erste Schienenauto der Militär-Eisenbahn-Direktion 2 Sedan", abgedruckt in einer konservativen Zeitschrift von 1935. Fabrikat des Wagens leider unbekannt, eventuell ein Stoewer. Im Bild unten ein Büssing-Schienenlastkraftwagen, der 1915 entwickelt worden ist. Links unten der „Regeldreitonner" des kaiserlichen Heeres auf Schienen, zuerst abgedruckt in Heft 27/1919 der Allgemeinen Automobil-Zeitung; Fabrikat wohl NAG.

Fotos: MVT Berlin (2), Slg. Schmidt

Wegen der mäßigen Rückwärtsfahrt-Möglichkeiten kuppelte man in beiden Weltkriegen nicht selten zwei Schienenlaster mit dem Heck aneinander und besaß so schon einen kleinen Zug. Die beiden Bilder dieser Seite zeigen ein solches Paar nach einem Bombentreffer im Bereich der Militär-Eisenbahn-Direktion 3 in Nordfrankreich, aufgenommen 1916 bei Reims.

Fotos: Slg. Meinhold

Einen Wagen gleichen Typs wie im Bild links unten zeigt auch die obere Aufnahme dieser Seite, möglicherweise einen Loeb-Dreitonner aus Charlottenburg. Hier werden Schwellen für das deutsche Heer gefahren, während die Fotografie darunter einen Mannschaftstransport an der Westfront in den letzten Kriegswochen 1918 dokumentiert. Im Hintergrund zerbombtes Land.

Fotos: Slg. Pekny, Süddt. Verlag

Militär-Schienenautos in Österreich und Amerika

Bei der amerikanischen Armee wurden ab 1917 zumindest Versuche mit Lastwagen auf Schienen unternommen, die aber ihre üblichen Vollgummireifen behielten und nur durch Anschrauben eines zweiteiligen Spurreifens zum Gleisfahrzeug gemacht wurden. Auf dem Bild unten erkennt man schwach die Schrauben, mit denen die stählernen Reifenhälften zusammengehalten werden.

In Österreich verwendete man während des Ersten Weltkrieges vielfach das Büssing-Schienenauto, das mit seinem schmalen, aber kräftigen Rahmen und entsprechenden Felgen bereits ab Werk für solche Einsätze vorgese-

hen war; Motorleistung 40 PS, Ladung 4 Tonnen, Höchsttempo 20 km/h (Bild rechts oben). Eine österreichische Spezialität bildete der „Benzinelektrozug" von Austro-Daimler, der durch Radwechsel auf Schiene und Straße laufen konnte. Sein 150-PS-Sechszylinder war mit einem Generator gekuppelt, der Strom für Motoren in jedem Anhängewagen (Straße 5 Stück, Schiene 10 Stück) erzeugte. Eine erste Serie von zehn Garnituren wurde zwischen 1910 und 1913 gebaut, denen im Krieg ein ähnlicher Typ folgte. Die Militärs hofften, mit diesen Vehikeln, die von Ferdinand Porsche entworfen waren, Schienenunterbrechungen umgehen und abgeschnittene Strecken in Frontnähe erreichen zu können (Bild rechts unten).

Fotos: MVT Berlin

15

3. Kapitel:
Laster, Trecker und Busse auf Schienen – Die zwanziger Jahre

Improvisierte Modelle von Scania und Fiat

Die schwedische Firma Scania, die erst kürzlich (Seite 94) wieder Schienenlaster an die schwedische Staatsbahn geliefert hat, kann auf eine lange Tradition im Bau von Eisenbahn-Autos zurückblicken. Links oben ein im norwegischen Zweigwerk von Kambo um 1918 montierter Lastwagen, der am Ende seiner Laufbahn ab 1950 noch zur Elektrifizierung der Vorortbahnen in Oslo beigetragen hat. Darunter ein deutlicher auf Schienendienste abgestimmter Scania-Vabis von 1915, den das

Werk in den siebziger Jahren für sein Museum zurückgekauft hat. Solche „echten" Schienenautos mit Puffern, Spezialrädern und außengelagerten Radsätzen hinten sind nicht allzu häufig.
Auf einer zum Transport von Salz angelegten Feldbahn mit 60-cm-Spur ist unten ein umgebauter Fiat-Lastwagen des Typs 18 BL zu sehen. Vorn stützt er sich auf ein handelsübliches Lorengestell, hinten hat er Kettenantrieb beiderseits auf eine außengelagerte Eisenbahnachse. Baujahr des Automobils 1918, Einsatz in Äthiopien.
Fotos: Scania (2), Fiat

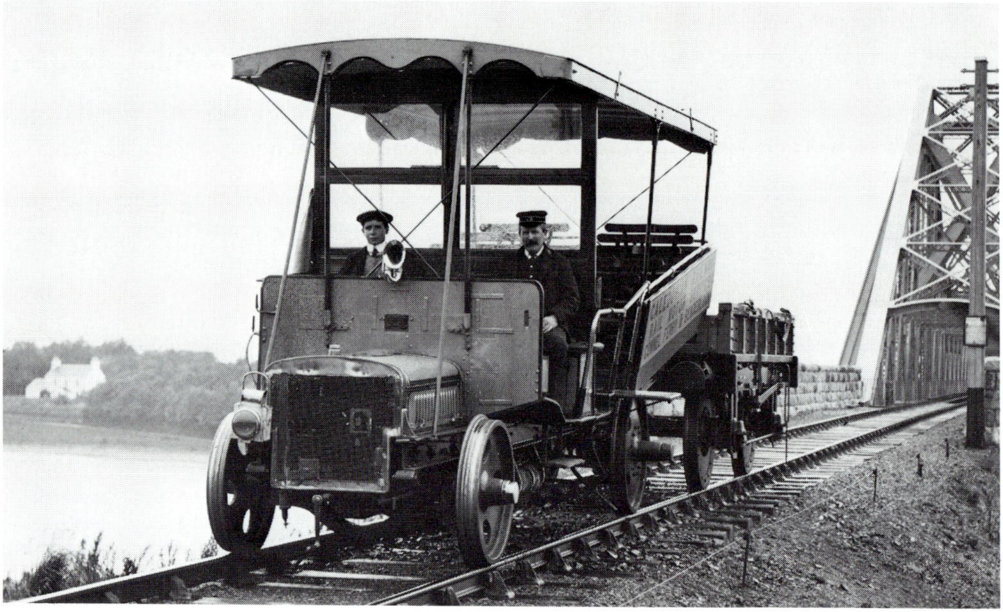

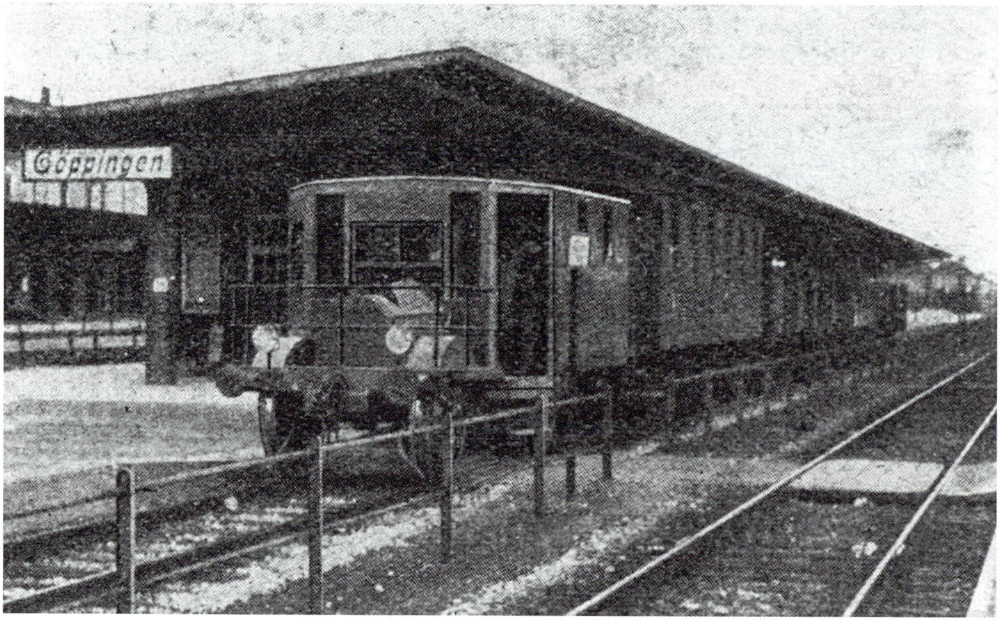
Göppingen

Versuche in Schottland und Deutschland

Einen für den Schienenverkehr kräftig verstärkten Aussichtsbus setzte die Caledonian Railway in Schottland am Anfang der zwanziger Jahre ein. Als „Rail Motor Service" war dieser Wagen auf einem Streckenabschnitt mit dem schönen Namen „Connel Ferry & Benderloch" im Einsatz. Bemerkenswert im Foto links oben die stufenförmig angeordneten Sitzbänke unter dem Baldachin und der Gepäckwagen.

In der Folge des Ersten Weltkrieges erlebte das Automobil seine erste Verwandlung vom Luxusartikel zum Gebrauchsgegenstand; der Lastkraftwagen machte dem Pferdefuhrwerk endgültig seine Rolle in den Fabriken und Handelsbetrieben streitig. Für einen Moment schien es, als könne auch der Schienenverkehr mit seinen schwerfälligen Dampflokomotiven durch das Automobil revolutioniert werden wie die ganze Gesellschaft. Den „Lastzügen" der Straße entsprechend, dachte man auch an „Schienenzugwagen".

Über ein solches Gefährt der Daimler-Motorengesellschaft „mit 60 t Nutzlast" berichtete die Allgemeine Automobil-Zeitung in Heft 29 des Jahrgangs 1920 am 17. Juli 1920 mit einem dunklen Bild (links unten) vom Bahnhof Göppingen in Württemberg. Der zugehörige Text lautete: „Obschon nicht unmittelbar hierher gehörig, möge doch noch eine Neuheit angeführt werden, die während des Krieges an der Front öfters gesehen werden konnte. Es ist der Daimlersche Schienenzugwagen. Er wird mit Vorteil dort benutzt, wo es darauf ankommt, Eilstückgüter auf schnellstem Wege zu verfrachten, oder aber bei jetziger Verkehrsnot den Kleinbahnbetrieb aufrecht erhalten zu können."

Am 23. Februar 1925 wurde auf der Bahnstrecke von München über Tutzing nach Garmisch der elektrische Zugbetrieb aufgenommen, zwei Wochen später die Zweigbahn von Tutzing nach Kochel in Oberbayern elektrisch befahren. Die Fahrleitungsmeisterei von Tutzing hatte fortan alle Hände voll zu tun, um den Draht in Schuß zu halten. Dampfloks kamen für Betriebsfahrten aus vielen Gründen nicht in Betracht, und so schaffte die Reichsbahn neben dem Akkumulator-Turmwagen für Inspektions- und Versorgungsfahrten auch einen Straßenlastwagen unbekannten Fabrikats (vielleicht Daimler oder MAN) für die Tutzinger an. Er wurde mit Puffern und Sandkästen an der Hinterachse ausgerüstet.

Fotos: National Railway Museum York, MVT Berlin, Slg. Troche

Hanomag auf Schiene und Straße

In der traditionsreichen Lokomotivfabrik von Hannover begann man nach der Jahrhundertwende auch mit dem Bau von Großpflügen, Schleppern und Automobilen. Von der Reichsregierung als „Anti-Ford" erwünscht, entwickelten der Konstrukteur Wendeler und der Landwirt Dohrn auch einen deutschen Traktor, der ab 1925 von der Hanomag in Serie gebaut wurde. Der Petroleummotor gab 28 PS her; die Bauern konnten ihn mit staatlichen Krediten für 4500 Mark kaufen. Um die Vielseitigkeit des Treckers zu demonstrieren und Kunden bei der Industrie zu gewinnen, rüstete das Werk auch einen WD-Schlepper mit Schienenrädern aus. Im Fabrikhof der Hanomag entstand dieses Bild (unten) vor einem „Apostelwagen" mit Säurekesseln aus Steinzeug. Da der Traktor keine Stoßvorrichtungen hatte, mußte ein Bremser auf dem Güterwagen das Schleppseil straff gespannt halten; später wurde auch ein WD-Schlepper mit Puffern und Druckbalken vorgestellt, der aber auf Gummirädern neben der Schiene laufen sollte. Deutlicher auf den Bahnbetrieb ausgelegt war der Fiat-Agrarschlepper 702 in der „Versione Ferroviaria" von 1924 (Bild rechts): Ein kräftiger Zusatz-Rahmen mit Holzpuffern und Zughaken deutet darauf hin, daß er auf den Anschlußgleisen der Fabrik in Turin selbst eine Weile im Einsatz war.

Fotos: Automobilhist. Bilderdienst, Fiat

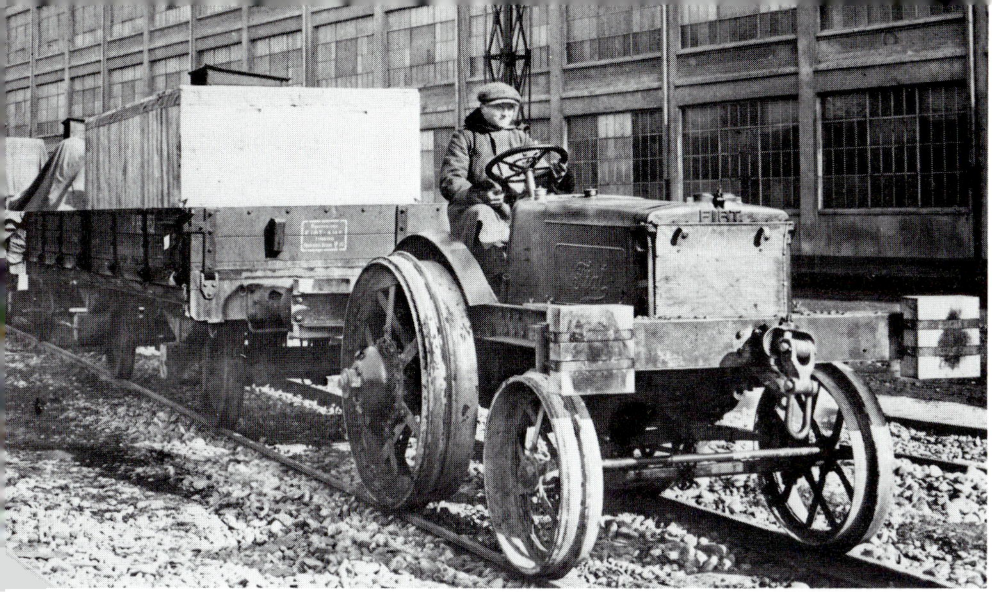

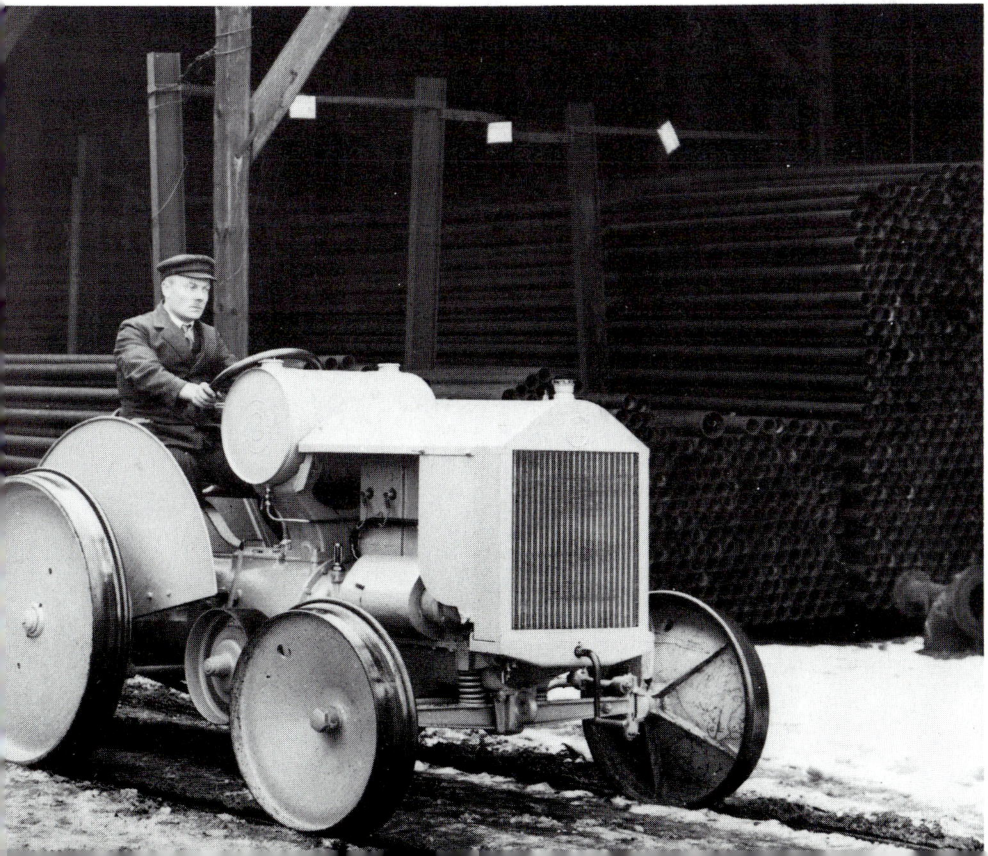

Mit dem Packard durch Kanada: Über Schiene und Schwelle

Abermals ein unverdrossener Globetrotter im Land der unbegrenzten Möglichkeiten, der sein Automobil auf Schienen setzte: Mister A. F. Bement, Vizepräsident eines Automobilclubs. Er wollte einen von der kanadischen Regierung ausgelobten Preis einheimsen, den sie für die erste Auto-Durchquerung des Kontinents allein auf kanadischem Boden (von Winnipeg in Manitoba nach Victoria in British Columbia) bereits 1913 ausgesetzt hatte. Die Sache hatte den Haken, daß die einzige befahrbare Straße nach 2700 von 3200 Kilometern bei Grand Forks südlich nach Seattle in den USA abbog. Als direkter Weg war indes eine Bahnstrecke der Canadian Pacific durch die Schluchten des Frazer-Flusses vorhanden, die Bement bei seiner Tour im Spätsommer 1925 zu nutzen trachtete.

Über seine Reise berichtet die Zeitschrift „Motor" im Februar 1926 folgendermaßen: „Nach Zurücklegung von 2700 km traf er mit seinem Packard in Grand Forks ein, und nachdem er sich überzeugt hatte, daß der einzige Weg zum Ziele über die Eisenbahnschienen der Canadian Pacific führte, entschloß er sich, diesen Weg einzuschlagen. In einer kleinen Eisenbahnwerkstätte in Lytton arbeitete man Tag und Nacht, um die Räder eines kleinen Eisenbahn-Handwagens an den Wagen zu montieren – sicher keine einfache Sache! Als diese endlich gelöst war und nach einigen Versuchen festgestellt wurde, daß der Wagen ganz schön auf den Eisenbahnschienen lief, packten sie ihre Scheibenräder in den Wagen, sperrten die Steuerung und fuhren los.

Kaum hatten sie die ersten Kilometer hinter sich, als der Wagen entgleiste! Nach einstündiger schwerer Arbeit hatten sie den Packard wieder auf den Schienen und fuhren vorsichtig weiter. Nach weiteren 100 m Fahrt saßen sie jedoch wieder neben dem Gleise: Es war klar, daß sie bei jeder Kurve entgleisen würden – und die ganze lange Eisenbahnstrecke von Lytton nach Hope bestand unglücklicherweise hauptsächlich aus Kurven –, denn die kleinen Handwagenräder waren dem Gewicht des Wagens (4 Personen nebst Gepäck und 4 Stahlscheibenräder – etwa 2 Tonnen) nicht gewachsen und versagten natürlich bei den Kurven. Nun hieß es, entweder die Tour – und die Goldene Medaille – aufgeben, oder aber neben den Gleisen entlang über die Querschwellen hüpfend weiterzufahren!"

Tatsächlich hat Bement seine Reise dann auf Luftreifen fortgesetzt, neben den Schienenköpfen auf dem Eisenbahn-Oberbau dahinrumpelnd.

Foto: MVT Berlin

Henry Fords „Tin Lizzy" auf Schienen

Das Vehikel im Bild oben haben wir dem Klassiker „Die Eisenbahn im Bild" von John Fuhlberg-Horst entnommen, der bereits vor sechzig Jahren in unserem Verlag erschienen ist. Man sieht einen Bus auf der Basis des Ford T bei der kurzen „Motoreisenbahn in Nordchile zwischen der Hafenstadt Arika und Takna. Die Wagen laufen einzeln und haben eine Geschwindigkeit von 60 km die Stunde" (Originaltext). Gebaut zwischen 1917 und 1922, Regelspurweite. Auch in den USA selbst kam das legendäre T-Modell auf die Schiene. Im Bild unten der Ausschnitt aus einer amerikanischen Illustrierten vom Januar 1928, das ein solches Gefährt zur Postbeförderung zwischen Dallas und Cufux in Texas zeigt. Die Höchstgeschwindigkeit wird mit 20 Meilen pro Stunde angegeben.

Fotos: Fuhlberg-Horst, Slg. Veen

„Ein zum Straßenbahnbetrieb umgebauter Motoromnibus"

Um das Jahr 1930 wurde es regelrecht zur Mode, die nun einigermaßen standfesten Straßenlastwagen und Omnibusse auf Schienen zu setzen, um mit ihnen billiger und in kürzerer Folge zu fahren als mit einer Dampflok. Oft stellte sich nach einiger Zeit aber heraus, daß die Straßenfahrzeuge dem rauhen Bahnbetrieb und den dort erwarteten Laufleistungen nicht gewachsen waren. In dem Blatt „Der

Motorwagen" findet sich zu den folgenden Bildern ein kritischer Text: „Die Zeitschrift ‚The Tramway and Railway World' berichtet über diesen, der J. G. Brill-Company in Philadelphia angeblich befriedigend geglückten Umbau." Das Fazit: Bei „einem Triebwagen würde man kaum ein Drehgestell mit so geringer Belastung riskieren wollen". Immerhin lieferten in der Folgezeit aber viele Autofabriken und Bahnwerkstätten ähnliche Busse auf Schienen.

Fotos: Motorwagen/Slg. Kubisch

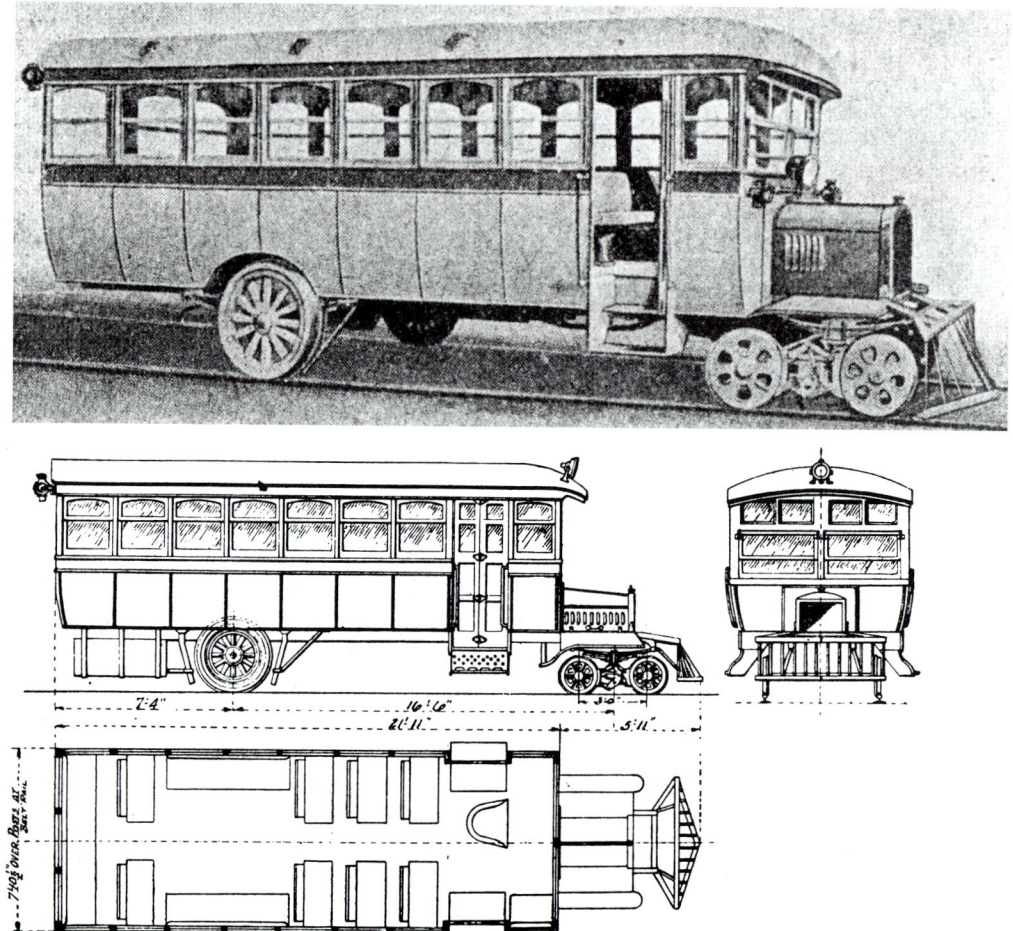

Schienen-Busse in Kalifornien . . .

Und allen Unkenrufen zum Trotz hielten sich diese Automobile zumindest auf Ausflugsbahnen eine ganze Weile. Das Bild oben ist einer Illustrierten der fünfziger Jahre entnommen; sie berichtet unter dem vielsagenden Titel „Reisende im Atomzeitalter" mit nachstehendem Text: „In Kalifornien, einem Staate der USA, verkehrt auf einer kleiner Nebenbahn immer noch dieses merkwürdige Ungetüm: ein Autozug. Die ehemaligen Soldaten unter unseren Lesern werden sich noch der Versuche entsinnen, die man in Rußland mit einem Diesel auf einem Bahn-Wagenchassis machte. Allerdings hatten wir damals doch etwas modernere Maschinen. Bemerkenswert ist der Schienenräumer (cow-catcher), der umherirrende Kühe davor bewahren soll, mit dem Kühlwasser Bekanntschaft zu machen."

Foto: MVT Berlin (Slg. Metzeltin)

... und in Indien

Zwei dieser pittoresken Busse auf Schienen, an deren Lieferung die deutsche Firma Koppel beteiligt gewesen sein soll, fanden sich auf der indischen „Matheran Light Railway", die von Neral nach Matheran Hill verläuft. Spurweite ist 610 mm. Oben der Wagen 899 von 1932, aufgenommen 1980 im Museum New Delhi. Darunter die „Matheran Queen", Wagen Nr. 898, bereits museumsfähig abgestellt in Neral selbst; Baujahr etwa 1935. In den letzten Betriebsjahren hatte man ihnen einen Perkins-Dieselmotor verpaßt.

Fotos: Hanisch, Rumary

Mit dem „Doppeldecker" auf der Kleinbahn

Die Wirtschaftskrise zu Beginn der dreißiger Jahre brachte die kuriosesten Fahrzeugkonstruktionen des Schienenverkehrs hervor: ausrangierte Berliner Omnibusse von der ABO-AG bei einer Bimmelbahn der Altmark. Um das Jahr 1933 erwarb die Kleinbahn-AG Gardelegen-Neuhaldensleben-Weferlingen von der BVG eine Partie aus acht Doppeldeck- und Decksitzomnibussen aus Baujahren zwischen 1925 und 1927. Bei den Doppeldeckbussen handelte es sich um Vertreter des NAG-Typs der Nummernreihe 521 bis 565, bei den Decksitzwagen um Stücke aus der Reihe 270 bis 284 und 335 bis 345.

Die Busse wurden in Haldensleben mit Bahnrädern, einem Einstieg auf der linken Seite und einer Gepäckplattform ausgerüstet; der Fahrplan dieser an der Reichsbahnstrecke Magdeburg – Oebisfelde gelegenen Kleinbahn konnte damit ab 1935 verdichtet werden. Ein Wagen wurde 1938 mit Holzgasgenerator ausgerüstet. Danach erschienen in der „Berliner Illustrierten" und im „Völkischen Beobachter" bebilderte Berichte. Im Jahre 1940 verliert sich die Spur der Wagen.

Foto: Ziegler

Schienen-Omnibusse aus Werdau und Wismar

1930 steckten viele Kleinbahnen in der Krise. Der Betrieb mit Dampfzügen stellte sich als zu teuer heraus, zumal etliche Fahrgäste an den Privatwagen und den Bus verlorengegangen waren. Als rettender Strohhalm in dieser Not erschien die „Motorisierung der Eisenbahn" mittels der Schienenbusse, die durch Übernahme von Teilen serienmäßiger Lastkraftwagen billig in Anschaffung und Betrieb sein sollten. Die Gera-Meuselwitz-Wuitzer Eisenbahn AG stellte für ihre sächsische Meterspurstrecke 1930 einen Schienenbus in Dienst, dessen Aufbau von der Waggonfabrik Werdau kam. Der Motorlieferant ist unbekannt. Die Aufnahme entstand am 7. Juni 1930 in Gera-Pforten. Auch bei Henschel in Kassel machte man sich Gedanken um den Absatz der eigenen Lastwagen und Busse bei Kleinbahnen. Ein erster Schienenbus wurde im Juli 1931 an die vor der Haustür gelegene Bahn von Grifte nach Gudensberg in Nordhessen verkauft und lief dort bis 1955. Sein Vergasermotor leistete 100 PS. Der Aufbau stammte wieder aus Werdau. 1933 stellte die Reichsbahn drei verbesserte Henschel-Schienenbusse in Dienst, die vorn und hinten jeweils einen Führerstand besaßen, zum Wenden also keine Drehscheibe mehr brauchten. Ein weiterer Versuch der „Motorisierung" war im Wismarer Schienenbus mit zwei Ford-Motoren in den Schnauzen zu erblicken, der in einigen Dutzend Exemplaren gebaut wurde. Das mittlere Bild rechts zeigt den VT 133 009 von 1933 bei der Direktion Saarbrücken. Darunter ein etwas früher gebauter Schienen-Bus der Duna-Száva-Adria-Bahn (früher österreichische Südbahn).

Fotos: Dr. Schlosser/Slg. Glöckner, Henschel, Maey, Slg. Kubinszky

Der „Perl-Schienenbus" aus Österreich

Auch unser südöstliches Nachbarland blieb vom Schienenauto-Fieber der zwanziger Jahre nicht verschont. Die Busfabrik Perl setzte sich besonders dafür ein und stellte 1925 für die im Grenzgebiet zu Ungarn liegende Györ-Sopron-Ebenfurter Bahn (GySEV) ein neunplätziges Schienenauto auf die Gleise. 1926 folgte ein ähnliches Vehikel von Perl für die meterspurige Stubaitalbahn, von der nur noch eine Skizze bekannt ist (unten).

Die Staatsbahn BBÖ folgte dem Trend im Jahre 1928. Von der „Lohnauto-Betriebsgesellschaft", einem Vorläufer des Bahnbusdienstes, nahm sie einen Perl-Bus Typ L 8 mit 85-PS-Benzinmotor und ließ ihn mit Schienenrädern, vorderer Starrachse, Sandkästen und Umdrehvorrichtung ausstatten. Leergewicht 6,4 Tonnen, 27 Plätze. Nach dem Muster dieses VT 60.01 folgten bis 1933 drei weitere Wagen bis VT 60.04, die in der Bundesbahnwerkstätte St. Pölten umgebaut wurden, wieder mit Hilfe von Perl. Die Wagen waren im Marchfeld und im Weinviertel eingesetzt, und auf der Stammersdorfer Lokalbahn führte man 1932 mit ihnen den Einmannbetrieb ein. Der VT 60.04 lief versuchsweise im Zeitungstransport zwischen Wien Süd und Graz, 1939 wurde er auf Treibgas umgestellt, 1948 ausgemustert. Für diese Wagen waren übrigens nach dem „Anschluß" von 1938 die Reichsbahnnummern CvT 724 bis 727 vorgesehen. Ebenfalls für den Transport von Wiener Morgenzeitungen in die Provinz kam 1933 ein Perl-Lastwagen mit 44 PS und 2 Tonnen Nutzlast als VT 160.01 aufs Gleis, doch erwies er sich als zu klein und wurde bald vergessen. Rechts das einzige bekannte Bild des VT 60 und Typenskizzen.

Foto: Slg. Dr. Petrovitsch, Technisches Museum Wien, BBÖ

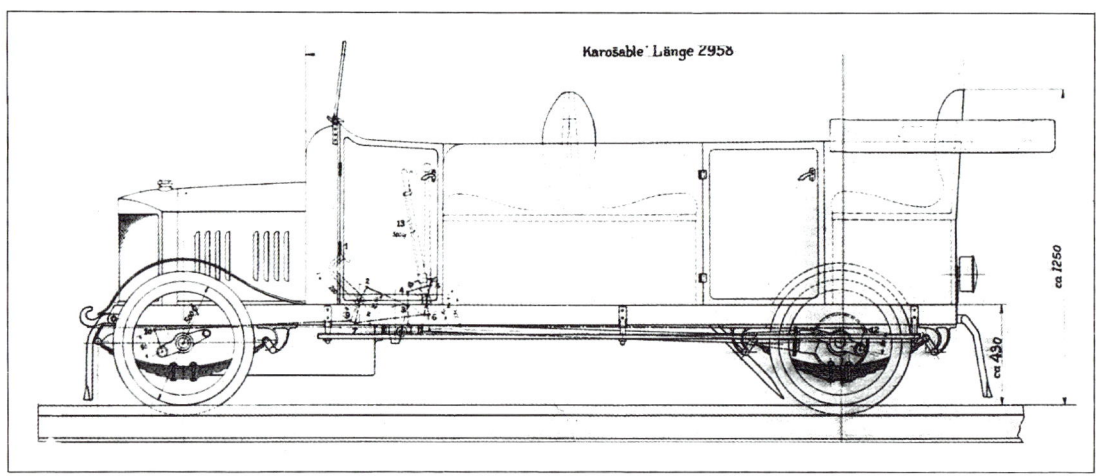

Karosable Länge 2958

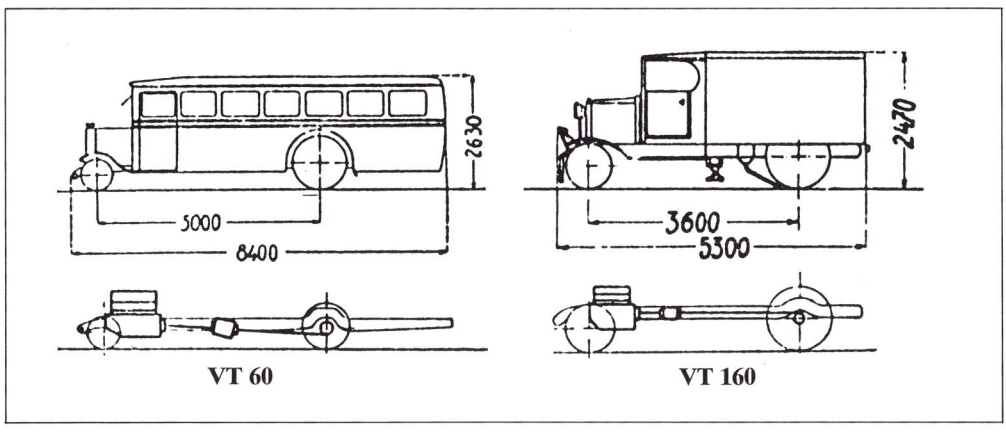

VT 60   VT 160

Erste Schienen-Omnibusse in Holland, Irland und England

In großen Buchstaben steht „TRAM" auf dem Zielschild des unten gezeigten Minerva-Busses von 1925, den die Zuider Stoomtramweg Mij. in Nordbrabant durch eigene Werkstätten umbauen ließ. Im Juni 1932 war er fertig. Diese Überlandstraßenbahn in der Nähe von Breda hatte 1067 mm Spurweite. Der Bus mit seinen 28 Plätzen konnte noch einen leichten Anhänger mitnehmen. Da es aber an den Endpunkten der Dampftramstrecke in Breda und Oosterhout nur ungenügende Wendemöglichkeiten gab, wurde der Wagen nach mancherlei Probefahrten 1933 wieder zum Straßenbus hergerichtet und bald danach verkauft.

Schon sehr frühzeitig bildete sich auf den britischen Inseln eine spezielle Bauweise der Omnibusse heraus, bei welcher der Chauffeur neben dem Motor in einer kleinen Kabine von halber Fahrzeugbreite saß. Wir stellen rechts zwei Fahrzeuge dieser Art vor, die – dem Zug der Zeit folgend – auf Schienen eingesetzt worden sind. Das obere Bild zeigt einen Wagen der irischen „Great Northern", die nach der Teilung der Insel von 1922 sowohl in Nordirland als auch in der Republik operierte. In einem alten Katalog ist er lapidar als „Road Bus on Rails" (Straßenbus auf Schienen) bezeichnet, und dieses Prädikat gilt auch für den unten gezeigten Schienen-Bus der Firma „Regal", die zum AEC-Konzern gehörte. Probefahrt 1935 in Reading bei der britischen Great Western Railway, Verbleib unbekannt.

Fotos: Leideritz, Slg. Loyal, National Railway Museum York

Zweiwege-Fahrzeuge von Karrier:
Die „Roadrailer"

Der englische Lastwagenbauer Karrier aus Huddersfield kam zu Beginn der dreißiger Jahre mit seinem eigenwilligen System von Schiene-Straße-Fahrzeugen heraus: Die Wagen besaßen auf einer Achse nebeneinander Schienenräder mit Regelspurweite und außen auch Straßenräder auf einer Exzenter-Spezialfelge, die man bei Gleisfahrt lösen und etwas hochziehen konnte. Im Bild unten wird eine Zugmaschine nach diesem System beim Wechsel von der Straße auf die Schiene vorgeführt. 1931 verkaufte Karrier einen so ausgestatteten Bus an die London, Midland & Scottish Railway, der im Bild rechts oben bei seiner Fahrt über Asphalt zu sehen ist. Der 120-PS-Vergasermotor sollte auf der Straße 60 km/h, auf der Schiene 75 km/h ermöglichen. Ein weiteres Exemplar kam im Mai 1933 bei der Rotterdamsche Tramweg-Maatschappij in Betrieb, die ihren Überlanddienst auf Gebiete ausdehnen wollte, in denen sie keine Schienenverkehrsrechte besaß.

Der Wagen Nr. 71 von Karrier hatte 1067 mm Schienenspurweite und lief die Route Rotterdam – Oostvoorne auf Gleisen, dann bis zum Seebad Rockanje per Straße. Der „Roadrailer" hatte einen 65-PS-Vierzylindermotor, bot 28 Sitze und erreichte 45 km/h; der Aufbau war von Verheul. Nach gerichtlichen Auseinandersetzungen mußte die Bahn die Bedienung von Rockanje im Juli 1934 wieder einstellen. 1945 wurde der Karrier zum Straßenbus umgebaut, 1948 verschrottet. Diese Zweiwegefahrzeuge übten aber auf die Ingenieure der Deutschen Bundesbahn nach 1950 großen Einfluß aus.

Fotos: Slg. Jäger, National Railway Museum York, Leideritz

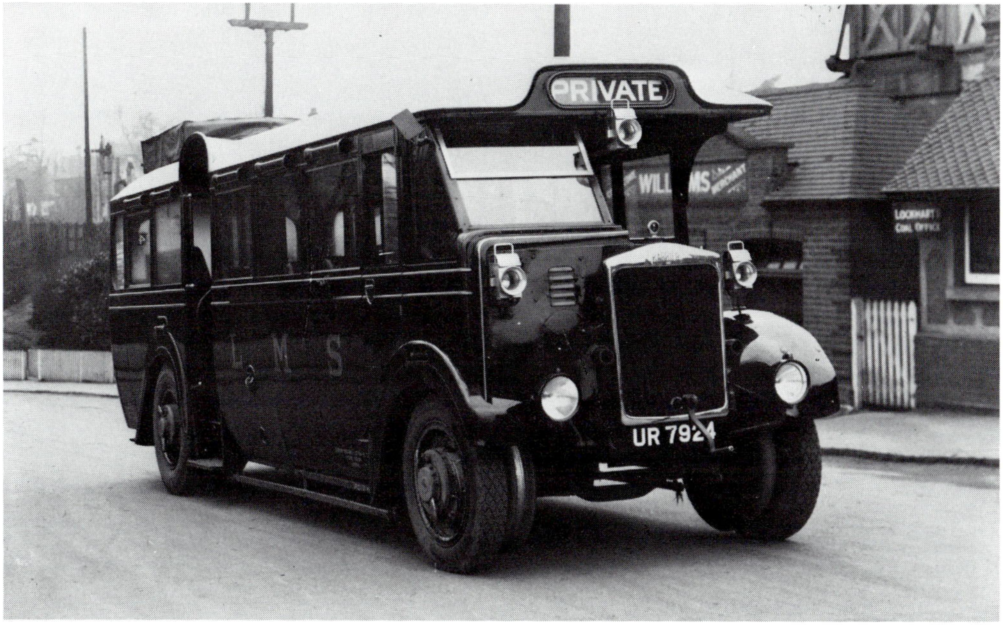
PRIVATE
L M S
UR 7924

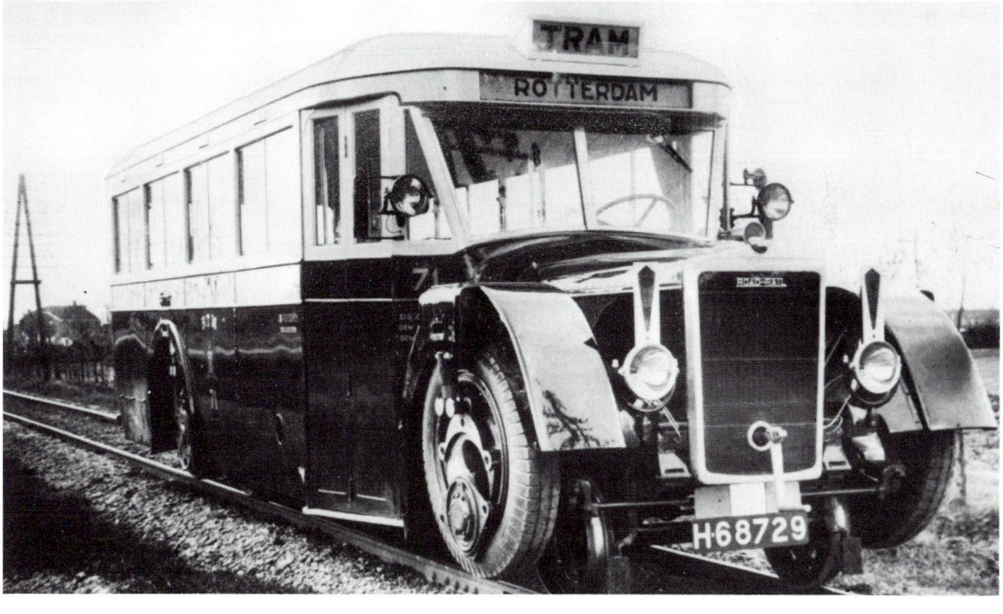
TRAM
ROTTERDAM
H68729

Michelin-Schienenautos für Probefahrten

Zu den bemerkenswertesten Experimenten im Zuge der „Motorisierung des Schienenverkehrs" zählten die ab 1929 gestarteten Versuche des französischen Reifen- und Gummikonzerns Michelin, seine Produkte auch an leichten Gleisfahrzeugen zu montieren und zu verkaufen.

Aus der Fülle der Eprobungsträger zeigen wir (unten) einen 40-PS-Renault auf normalen Reifen mit – kaum sichtbaren – Spurscheiben, der im Oktober 1929 erprobt wurde. Im nächsten Bild (rechts oben) ein gleicher Renault-Wagen mit verlängertem Chassis und neuen Spezialreifen, mit welchen im Januar 1930 auf Eisenbahngleisen bereits 95 km/h erreicht wurden. Das nächste Bild (rechts Mitte) wurde im Januar 1931 aufgenommen, als eine 18plätzige Micheline mit zwei vorderen Treibachsen und nachlaufender Bisselachse getestet wurde. Damit war die Zeit der verborgenen Versuche vorüber, und André Michelin stellte sein Produkt am 26. Januar 1931 auf der Paris-Orléans-Bahn vor (rechts unten).

Fotos: Michelin/MVT Berlin (Slg. Metzeltin)

Die Michelin-Schienenautos im Einsatz

Im Sommer 1931 nahmen drei Michelin-Schienenwagen den öffentlichen Probedienst zwischen Coltainville und St. Arnoult bei der Etat-Bahn auf (Bild links oben). Am 10. September 1931 legte eine neue „Micheline" auf ihrer Paradefahrt die 220-km-Strecke zwischen Paris und Deauville in 2 Stunden und 3 Minuten zurück, erreichte also eine Reisegeschwindigkeit von 107 km/h statt der 85 km/h des üblichen Dampfzuges. Das Bild darunter zeigt diesen Wagen 5 mit 12 Plätzen; den Mechanteil hatte Hispano-Suiza gebaut.

Zahlreiche Versuchsfahrten mit der „Micheline" folgten bei den verschiedenen französischen Privatbahnen sowie in Belgien, in den Vereinigten Staaten (Bild oben: Washington, Mai 1932), in England, Holland, Italien und vielen anderen europäischen Staaten. 1934 wurde eine besonders für die französischen Kolonien geeignete „Micheline Type 51−5" mit sechs Achsen vorgestellt, die nach Indochina, dem Kongo (Bild links unten) und nach Madagaskar geliefert wurde. Auf der letztgenannten Insel laufen heute noch zwei Exemplare.

Fotos: Michelin (2), MVT Berlin (Slg. Metzeltin)

39

Zweiweg-Sattelschlepper

Wo der Reifenkonzern Michelin sich um die Anwendung seiner Produkte bei Eisenbahnfahrzeugen bemühte, konnte die Konkurrenz nicht zurückstehen: Von Dunlop und Willème-Coder kam 1933 ein System namens „Route et Rail" heraus, das einen leichten Güterwaggon

als Zweiwegefahrzeug vorsah. Man dachte sowohl an die Bildung von Zügen hinter einer üblichen Lokomotive wie auch an die Einzelfahrt mit einem Schlepper. Im Straßentransport erhielt er an einer Achse zusätzliche Lufttreifen und wurde einer Sattelzugmaschine aufgelastet. Die Sache setzte sich nicht durch.

Fotos: Slg. Jäger, Culemeyer/Slg. Gretzschel

4. Kapitel:
Cadillac, Mercedes und Tatra auf Schienen – Die dreißiger Jahre

Austin-Schienenautos für den Export

Der „Austin Seven" der Zwischenkriegszeit gehörte zu den erfolgreichsten Kleinwagen seiner Epoche; er wurde bis 1939 in der mittelenglischen Stadt Birmingham gebaut. Das kleine Wägelchen eignete sich gut zum Umbau in ein Meterspur-Schienenauto. Schon 1928 lieferte die Firma Wickham in Ware, Hertfordshire, elf Exemplare an die Argentinischen Staatsbahnen, denen 1930 drei gleiche Mobile für die Kenya-Uganda Railways in Ostafrika folgten.

Foto: Wickham

Schienenautos im hohen Norden

Unterschiedliche Schienen-Kraftfahrzeuge aus Skandinavien sind hier zusammengefaßt. Links oben ein 1937er Chevrolet der dänischen Kalvehave-Bahn im Bahnhof Vordingborg, 1947 noch im Einsatz aufgenommen. Auffällig die federnde Pufferleiste aus Stahlblechstreifen.

Die nächsten beiden Bilder führen nach Finnland. Einen „Cadillac auf Schienen" mit amerikanischer V8-Maschine von 90 PS Leistung aus dem Baujahr 1928 hat ein finnisches Museum im Bestand. Zunächst für das Eisenbahnmuseum in Hyvinkää reserviert, steht er heute im Automuseum von Vaasa. Betriebseinsatz dieses „Typ 341" im Bezirk Helsingfors bis um das Jahr 1963, übrigens auf finnischer Breitspur von 1524 mm. Aufnahme 1981 in Kaipiainen. In Finnland sind etwa acht Schie-

nenautos verschiedenster Fabrikate eingesetzt worden; ein weiteres Beispiel ist der Chevrolet im Bild links unten.

In dem recht dünn besiedelten Norwegen bot es sich schon früh an, gewisse Fahrgastfahrten und viele Inspektionen mit Schienen-Automobilen durchzuführen. Die Staatsbahn NSB vergab an diese Gefährte die Nummernreihe „Litra C-m.", ab 1942 dann „Imb". Es gab ein gutes Dutzend verschiedener Fahrzeuge (Busse und Pkw), fast alles Einzelstücke von Fiat, FWD, Hansa Lloyd, Armstrong Whitworth, Hudson, Unic, Ford und anderen. Kurioserweise ist gerade der oben abgebildete „C-m. 18 210" nicht näher identifizierbar. Er wog 2,7 Tonnen und bot 7 Passagieren Platz. Aufnahme des in Bergen stationierten Wagens auf Bahnhof Finse, etwa 1930.

Fotos: de Herder, Meyer-Eppler, Rautatiemuseo Hyvinkää, Grünwald/Krafft

Per Schienenauto durch Australien

Ebenfalls ein in Großbritannien so erfolgreiches Auto wie der Austin Seven, aber eine über zehn Jahre jüngere Konstruktion dokumentiert das Bild des „Ford Eight" von 1938 (unten). Als Inspektionsfahrzeug war er auf der Zambesi Sawmills Railway in Rhodesien (heute Zimbabwe) eingesetzt. Nach dem Kriege wurde der Wagen als „Ford Anglia" noch eine Weile gebaut; das Motörchen hatte 933 cm^2 und 24 PS. Mit Hilfe des Herstellerwerkes hat man dieses Schienenauto wieder nach England geholt und im „Whipsnade Park" mit weiterem Bahnmaterial aus Rhodesien ausgestellt. Dort entstand die Aufnahme am 2. Juni 1985.

Nach Australien führen die beiden nächsten Aufnahmen. Oben rechts ein Bild aus dem „Motor" vom September 1931 mit dem folgenden Text: „In Australien hat die Regierungsbahn in verkehrsarmen Gegenden Kraftwagen auf Schienen gesetzt und hiermit auch in wirtschaftlicher Hinsicht sehr gute Erfolge erzielt." Wenn auch Marke und Typ dieser Limousine nicht zu erkennen sind, so läßt sich doch sagen, daß die Bahn ein recht komfortables Fahrzeug eingesetzt hat. Gleiches gilt für den darunter abgebildeten Inspektionswagen der Victorian Railways in Australien, der mit „Hydraulic Jack", einem hydraulischen Heber und Wender also, ausgestattet war. Aufnahme 1937.

Fotos: Glöckner, MVT Berlin, Ullstein

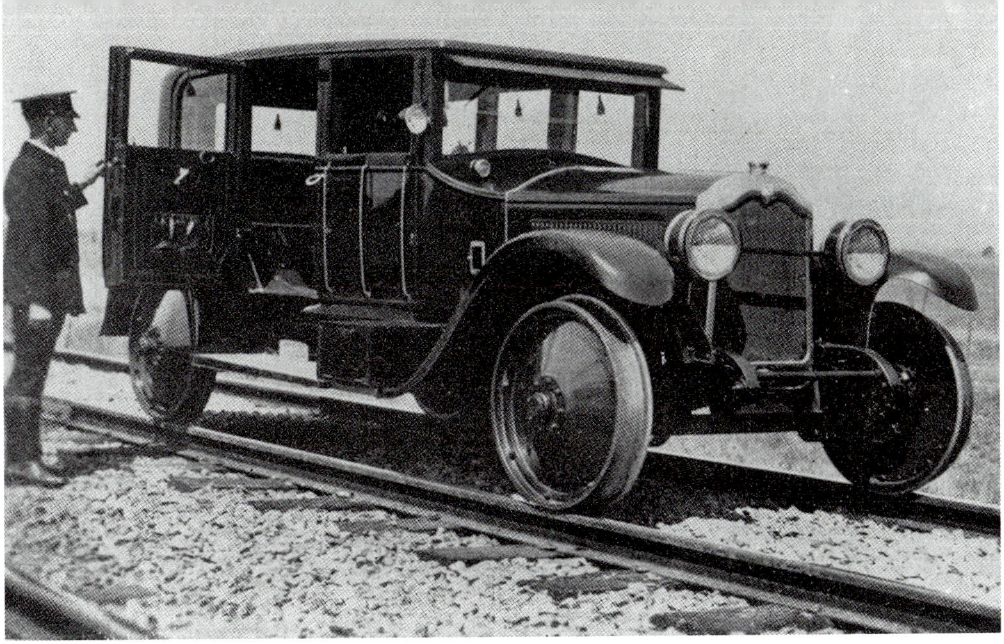

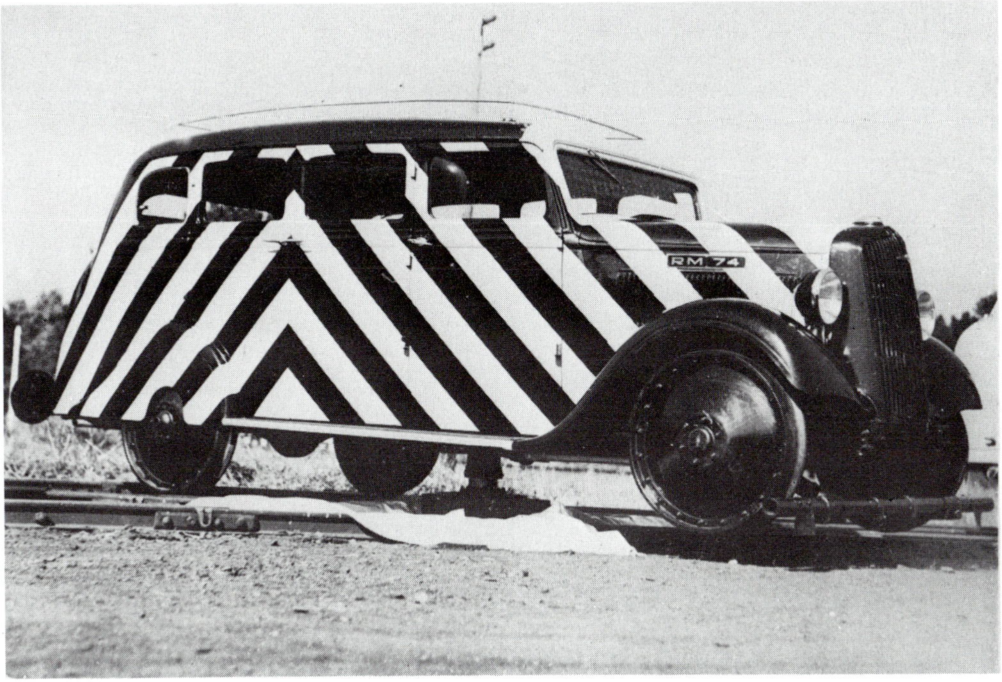
RM 74

Schienenauto oder Draisine?

Der Übergang vom Auto auf Schienen zu speziellen Eisenbahn-Draisinen mit Auto-Serienteilen ist immer fließend gewesen, und viele Mischformen sind gebaut worden. Hier drei Beispiele aus der Zeit zwischen den beiden Weltkriegen, alle inzwischen bei Museen eingesetzt. Oben ein französischer Renault-Schienenwagen (6 CV) aus den Baujahren 1922 bis 1927. Dieses Fahrzeug läuft mit der Betriebsnummer 11 bei der Waldbahn von Abreschviller in den Vogesen auf 750-mm-Spur, wo sich das „Cabriolet" großer Beliebtheit erfreut.

Eine recht bewegte Geschichte hat auch das schwedische Schienenauto rechts oben hinter sich: ursprünglich ein Cadillac-Achtzylinder von 1915, den man als Inspektionswagen auf einen kräftigen Bahnrahmen gesetzt hatte, 1937 dann mit Volvo-Motor zum Schienenbus ausgebaut. Einsatz erst bei der Eisenbahn Hellefors-Fredriksberg (HFJ) mit 802 mm Spurweite, ab 1972 umgespurt auf 600 mm bei der Östra-Södermanlands Järnväg in Schweden. Heute fährt dort eine Museumsbahn, zu deren Bestand dieser Wagen Y 31 gehört. Aufnahme in Mariefred am 14. Juni 1982. Im vergangenen Jahr wurde er aufgearbeitet.

Aus der Maschinenfabrik Hilding Carlsson im schwedischen Umeå wurden seit 1917 weit über hundert Schienenautos für Bahnen in Skandinavien geliefert. Man verwendete Ford-Motoren und Aufbauteile, um eigene Draisinenfahrwerke zu bestücken. Ab 1937 wurde der rechts unten gezeigte Typ „MDR 123" mit den rundlichen Formen hergestellt. Das blau lackierte Gefährt mit der Nummer 122 steht im schwedischen Eisenbahnmuseum von Gävle; im Bild vom Juni 1981 seine Ankunft dort auf einem Bahndienstwagen. Ähnliche Inspektionsfahrzeuge baute Meulengracht Jensen in Dänemark, wie sie das Umschlagbild zeigt.

Fotos: ACFA, Zopf (2)

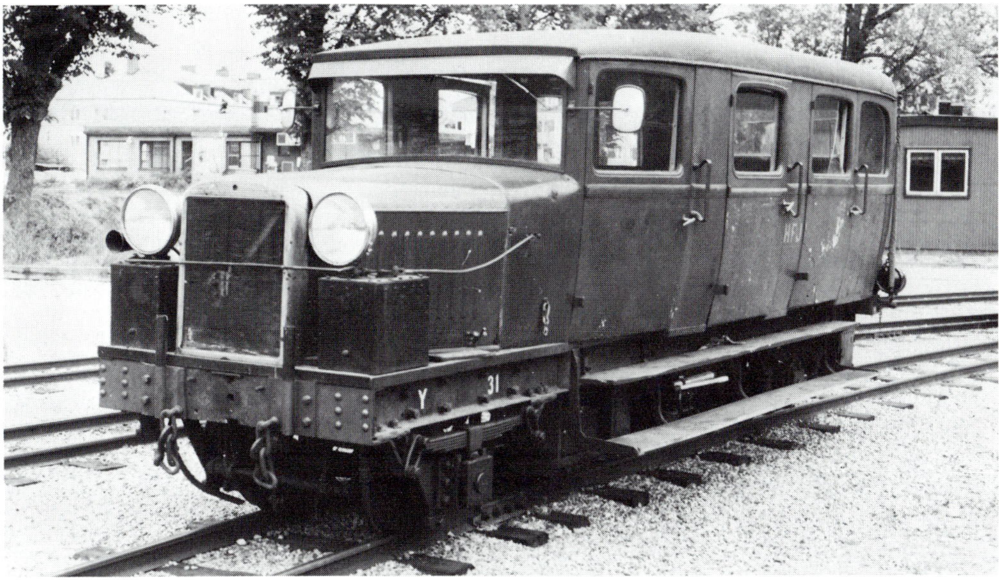
Y
31

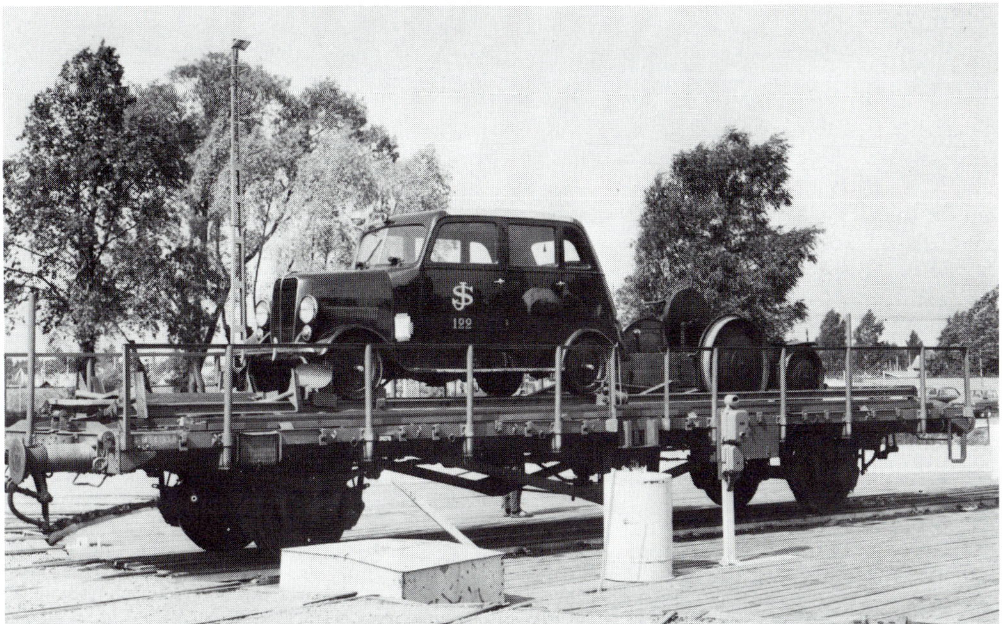
122

Das Schienenauto für den Staatspräsidenten

In der 1918 neu gegründeten tschechoslowakischen Republik war die Firma Tatra in Kopřivnice, dem bisherigen Nesselsdorf, eine erste Adresse für Qualitätsfahrzeuge. Neben Bahndienstautos wurde deshalb dort für Thomas Masaryk, den Staatspräsidenten bis 1935, ein repräsentatives Schienenauto hergestellt. Es war 1929 fertig und hatte einen Sechszylindermotor Typ 17/31 mit 40 bis 45 PS. Das Bild links oben zeigt das Prunkstück mit ausgefahrener Wendeanlage.

Für die alltäglichen Bahnmeisterfahrten baute Tatra der Staatsbahn ČSD im Jahre 1930 den Typ 14/30 (Bild links Mitte) mit 26-PS-Vierzylinder, und 1936 auch einen offenen Typ 15/30 von gleicher Leistung (Bild links unten). Nach dem Kriege stellte man noch eine verjüngte Version 14/52 mit 1,9-Liter-Motor von 30 PS auf die Gleise (Bild unten), die 1947 herauskam. Tatra-Schienenautos rollten auch in das Technische Nationalmuseum Prag, in das Werksmuseum von Kopřivnice und in das Technische Museum Brno-Líšeň.

Fotos: Tatra-Werke

Mercedes-Draisinen der Reichsbahn

Die 1920 aus den Länderbahnen gebildete Deutsche Reichsbahn kam ab 1925 mit den ersten eigenständigen Fahrzeugkonstruktionen heraus. Als eine nach den Kriegserfahrungen vollkommen neue Sache erschienen ab 1926 auch die ersten umgebauten Autos auf ihren Gleisen, vor allem für Inspektions- und Bereisungsfahrten durch höhere Ränge.

In dem 1926 von Ferdinand Porsche entworfenen Mercedes-Benz 8/38 PS mit Zweiliter-Sechszylinder fand man ein geeignetes Grundfahrzeug, übrigens mit 1420 mm Straßen-Spurweite vorn und hinten. Besondere Vorteile versprach man sich vom Cabrio-Aufbau. Von diesem Modell besitzen wir das Bild von einer Probefahrt mit zwei Eisenbahnern und sieben Ingenieuren (unten) sowie eine Aufnahme vom Werksgelände (rechts oben), auf welcher die Wendevorrichtung in Aktion ist. Das Leinwandverdeck konnte auch abgenommen und durch eine Art von Hardtop ersetzt werden, wie die Abbildung rechts unten zeigt. Dieser Wagen ging etwa 1930 an die Reichsbahndirektion Elberfeld; die Typenbezeichnung für das etwas überarbeitete Auto lautete ab 1929 „Typ Stuttgart 200". Auf beiden Bildern ist ein „halbiertes Lenkrad" zu erkennen; weitere Serien folgten bis um 1937.

Fotos: Daimler-Benz

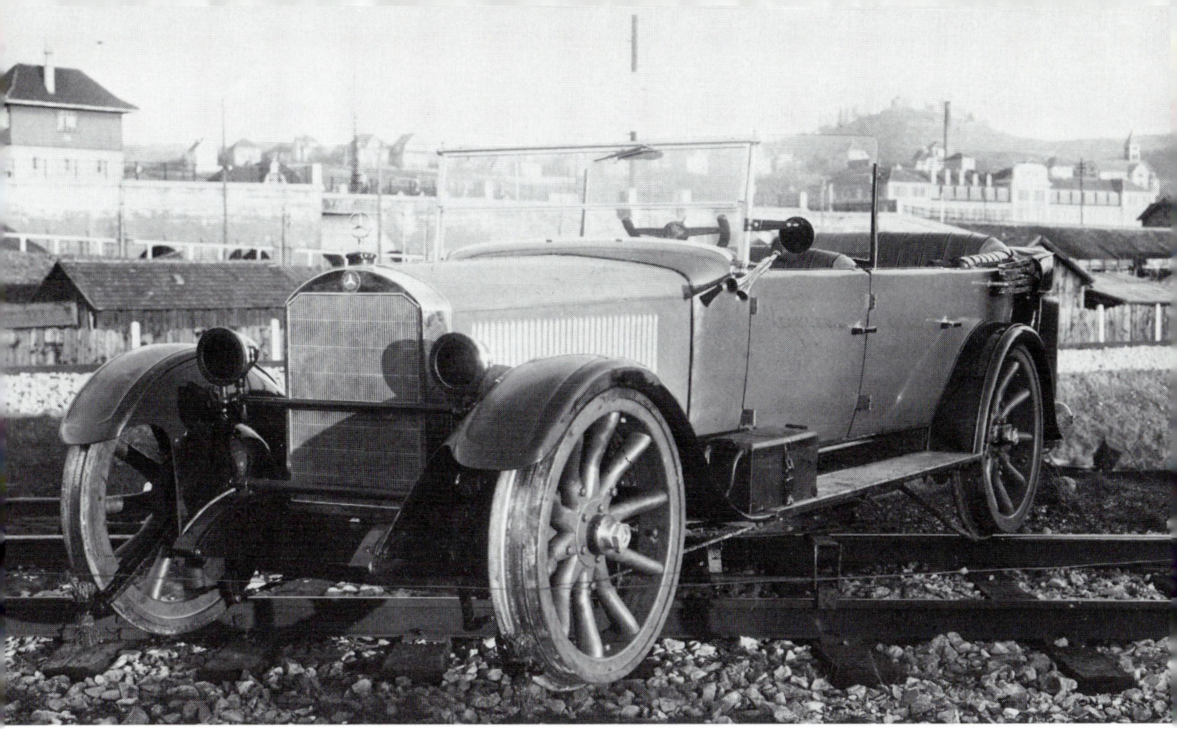

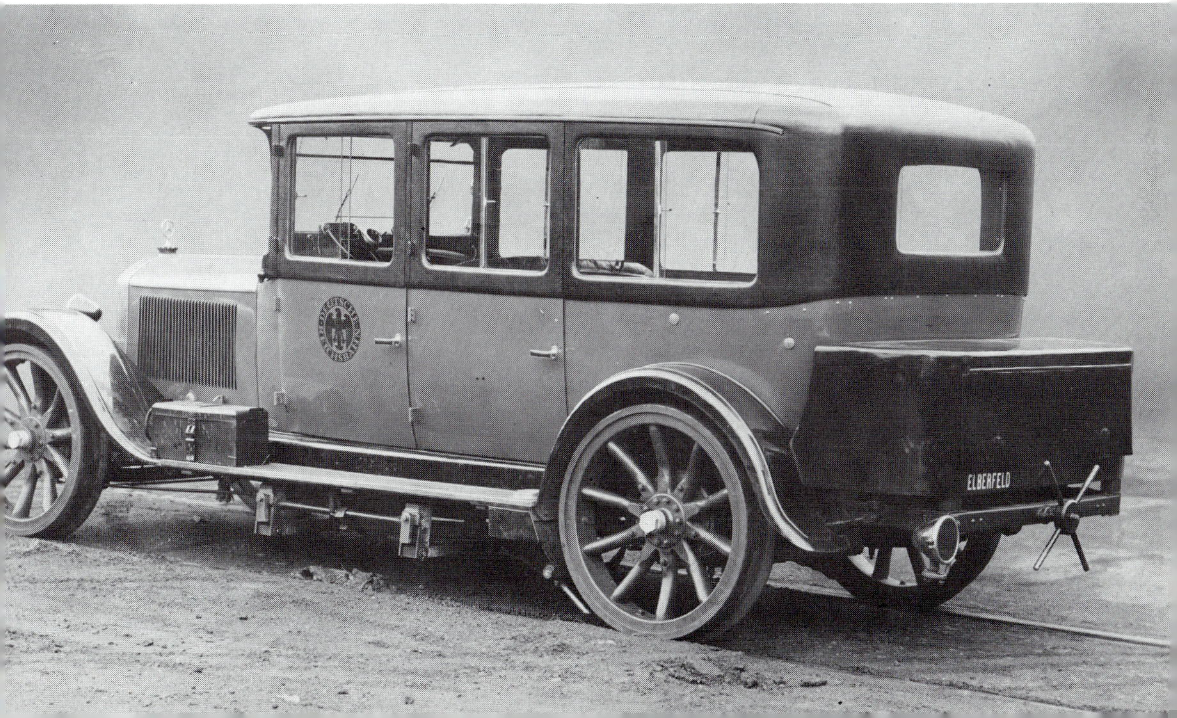
ELBERFELD

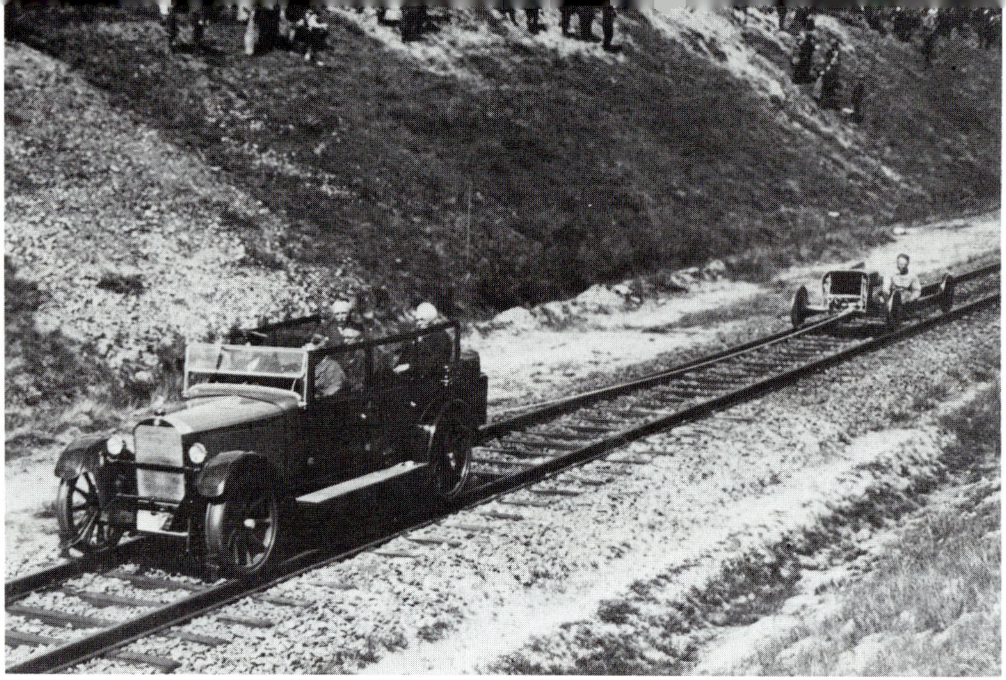

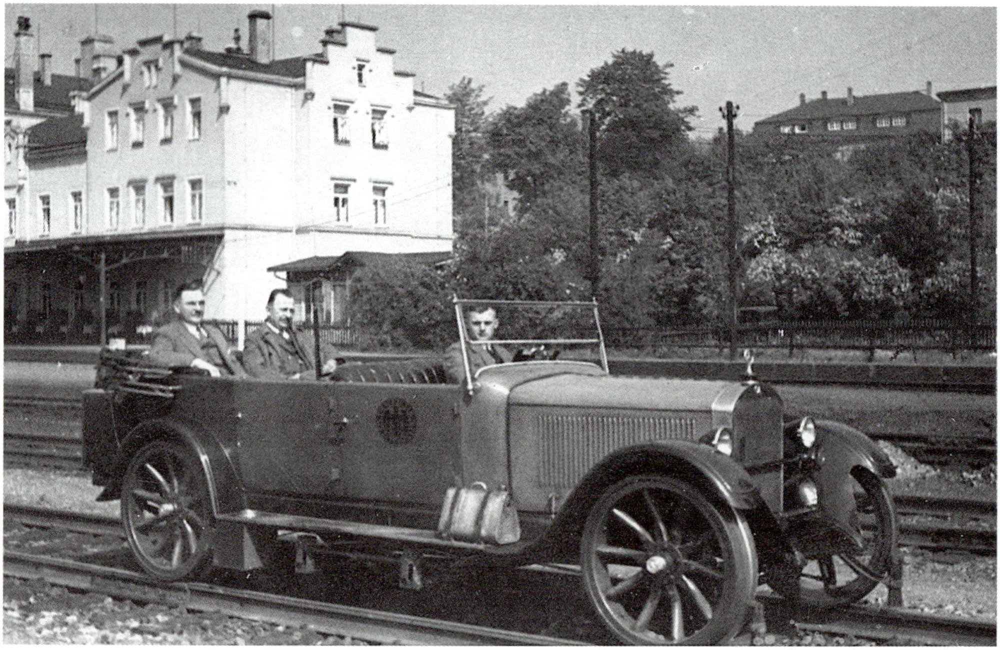

Aufgaben für Schienenautos

Besonders aufschlußreich sind Bilder vom Einsatz der Schienenautos. Ganz außergewöhnlich war die Verwendung als Schleppfahrzeug für den Raketenwagen Fritz von Opels im Juni 1928 auf der Strecke Hannover – Burgwedel (links oben). Eine weitere Daimler-Draisine des Typs „Stuttgart" sehen wir links unten: Als „Gleiskraftwagen für den Aufsichtsdienst" bezeichnete die Reichsbahn selbst die Mercedes-Wagen, so jedenfalls die Beschriftung eines Bildes im alten Berliner Verkehrs- und Baumuseum (unten). Zwei Inspektoren oder Amtmänner nebst Chauffeur sitzen da auf robusten Lederpolstern. Auf dieser Seite nun ein besonderes Einsatzbild eines Schienenautos der Reichsbahn, 1937 vermutlich im Bezirk der Eisenbahndirektion Frankfurt (Main) aufgenommen. An der Strecke brennt es, vielleicht durch Funkenflug von einer Dampflokomotive, und der Vorsteher des Betriebsamtes kontrolliert die Angelegenheit.

Fotos: Opel, MVT Berlin (VBM-Archiv), Dr. Wolff & Tritschler

5. Kapitel:
Wehrmachts-Schienenautos – Der Zweite Weltkrieg

Bereits 1937 fertig: ein Auto-Schienenkran der Wehrmacht

Auf der Grundlage des schweren Faun-Neun-tonners, der ab 1937 für die deutsche Wehr-macht gebaut wurde, hat man damals auch einen dreiachsigen Kranwagen des Typs LK5S mit einer Tragfähigkeit von 7 bis 9 Tonnen beschafft. Der Wagen mit einem Dieselmotor von Deutz (13,5 l Hubraum) war für 150 PS gut und versorgte im Kranbetrieb einen Bordge-nerator für die Elektrowinden. Der Wagen wurde als vielseitiges Zweiwegefahrzeug ent-worfen, so daß man hinter der lenkbaren Stra-ßen-Vorderachse unter dem Führerhaus eine starre (nicht angetriebene) Schienenachse vor-sah. Es war recht schwierig, bei diesem dicken Laster die Straßen-Spurweite von rund 2 m auf die Gleisbreite von 1435/1524 mm zu bringen

und ihn in der Praxis einzugleisen. Der Wagen trug auch im Straßenbetrieb seine Puffer, so wie später der „Verkehrsschlepper" des Faun-Typs ZRS, der rechts unten zu sehen ist (vgl. Seite 56).

Im Bild unten der Faun-Kranwagen LK5S im Fahrzustand auf Schienen; man beachte die „leere" Vorderachse. Der „Ballon" in Fahr-zeugmitte enthielt Gegengewicht und Seilmotor; er konnte bei größerer Tragkraft auf einer besonderen „Schiene" nach oben laufen. Wie das Bild rechts oben zeigt, wurden diese quali-tativ hochwertigen Wagen nach dem Kriege vielfach benutzt und machen in Österreich noch heute ihren Dienst. Die Aufnahme zeigt den ÖBB-Kranwagen 916.824 im Juli 1968 mit Schutzwagen in Heiligenstadt, deutlich sicht-bar die „lahme" Vorderachse.

Fotos: Faun, Schmied, Pfeiffer

54

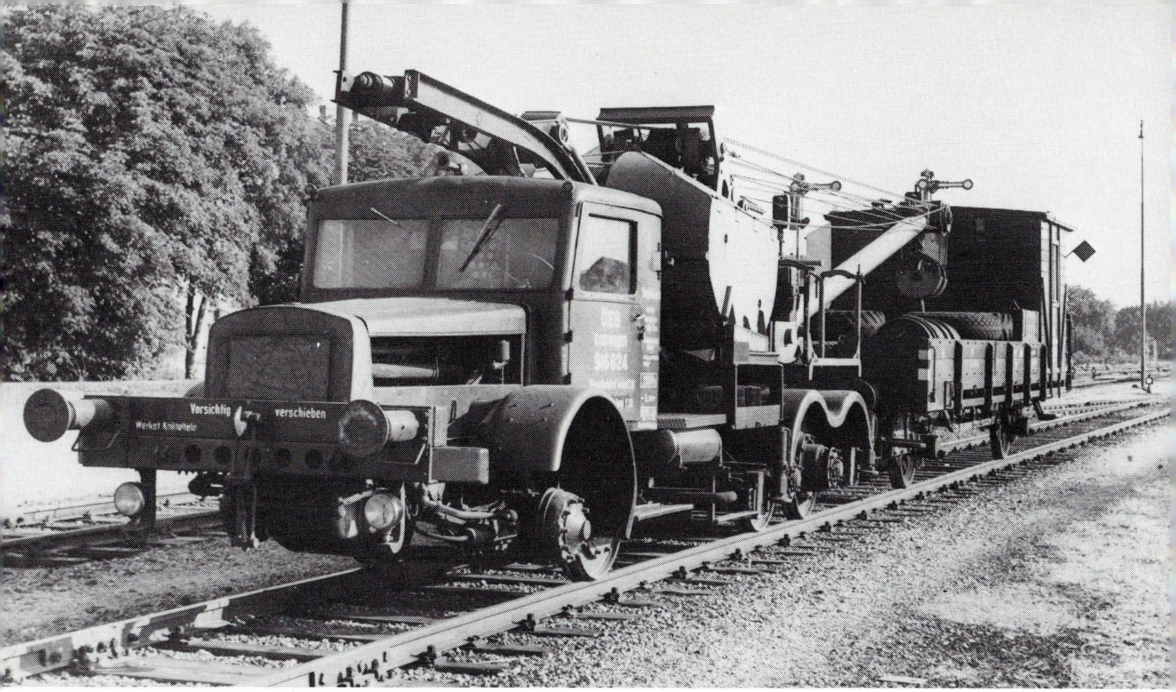
Vorsichtig
verschieben

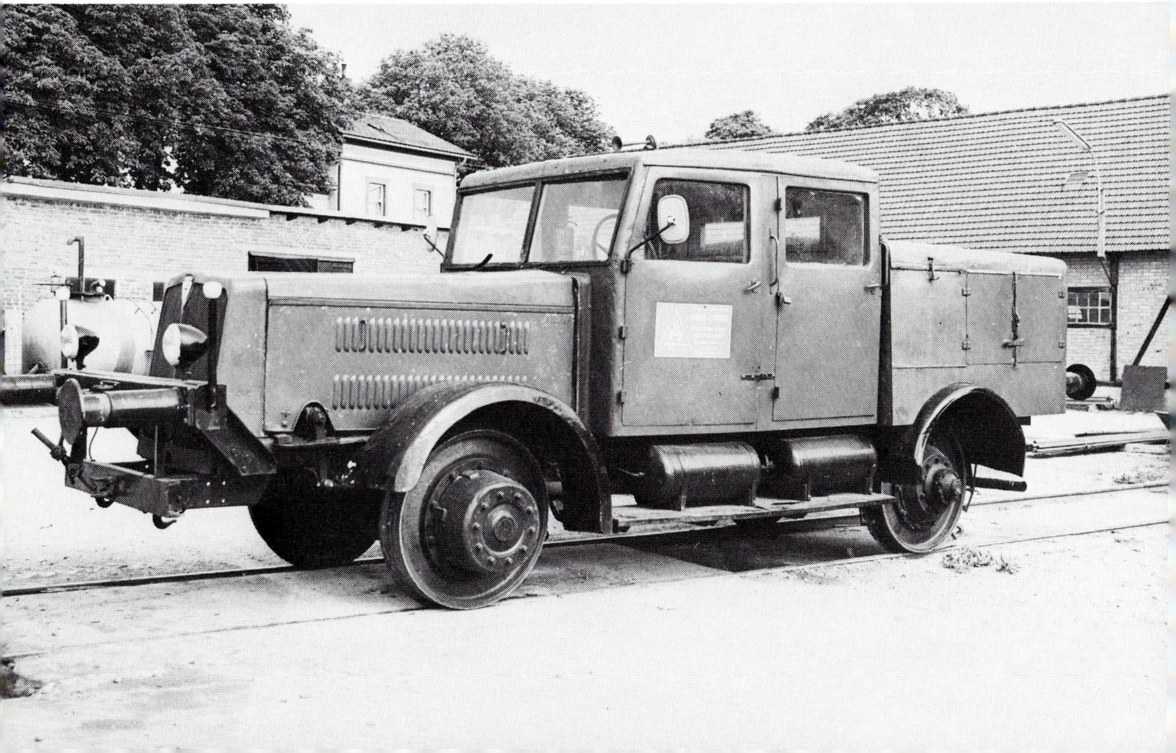

An die Front mit dem „Faun-Verkehrsschlepper"

Gegen Ende der dreißiger Jahre lieferten die auf Schwerlastwagen spezialisierten Firmen Kaelble (Backnang) und Faun (Lauf a. d. Pegnitz) für den Betrieb mit „Lastzügen" und Culemeyer-Straßenrollern bereits Schlepper mit weit über 100 PS Leistung. Der 150-PS-Verkehrsschlepper von Faun mit Deutz-Diesel-Sechszylinder wurde ab 1939 von der Wehrmacht für Zwecke der Luftwaffe, für Transporteinheiten und für die Eisenbahnpioniere beschafft.

Die Schienenausführung L7S (für: Schiene) auf Fahrgestell ZRS besaß Zughaken, Puffer und Druckluftbremse, führte aber auch Reifen für die Straße mit. Einsatz zumeist auf frontnahen Strecken mit kurzen Zügen, wo Dampfwolken von Lokomotiven verräterisch waren. Eine Sonderbauart „ZRSA" hatte auch hinten einen Führerstand; Geschwindigkeiten auf dem Gleis vorwärts 54 km/h, rückwärts 66 km/h, Gewicht etwa 10 t. Als Spurweiten waren 1435 mm (normal), 1524 mm (russisch) und 1676 mm (spanisch) einstellbar, während die Straßenversion 1800 mm Spurweite hatte. Anhängelast fünf bis zehn Waggons. Rechts oben eine Aufnahme aus dem Einsatz auf der Taman-Feldbahn am Schwarzen Meer 1943, darunter eine Rückansicht des Faun-Schleppers an der Ostfront. Unten eine vereinfachte Typenskizze zu dem auf Seite 55 gezeigten Wagen, der bei der Wiener Baufirma Schmidt & Metzger eingesetzt wird.

Fotos: Thön, Bundesarchiv, Schmidt & Metzger

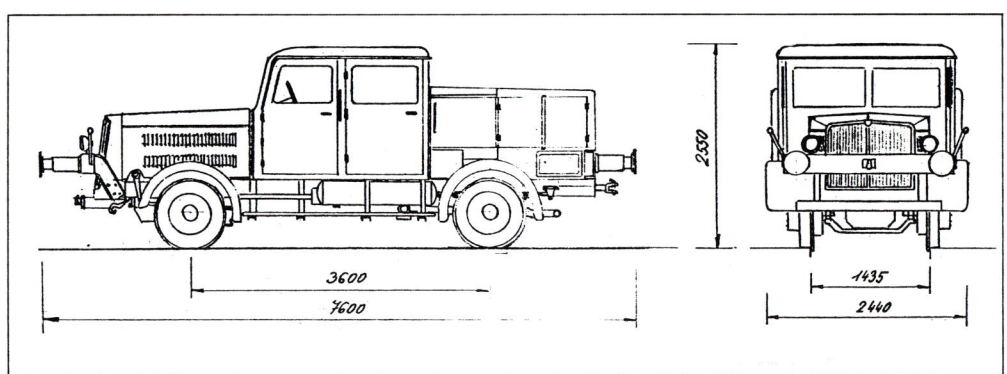

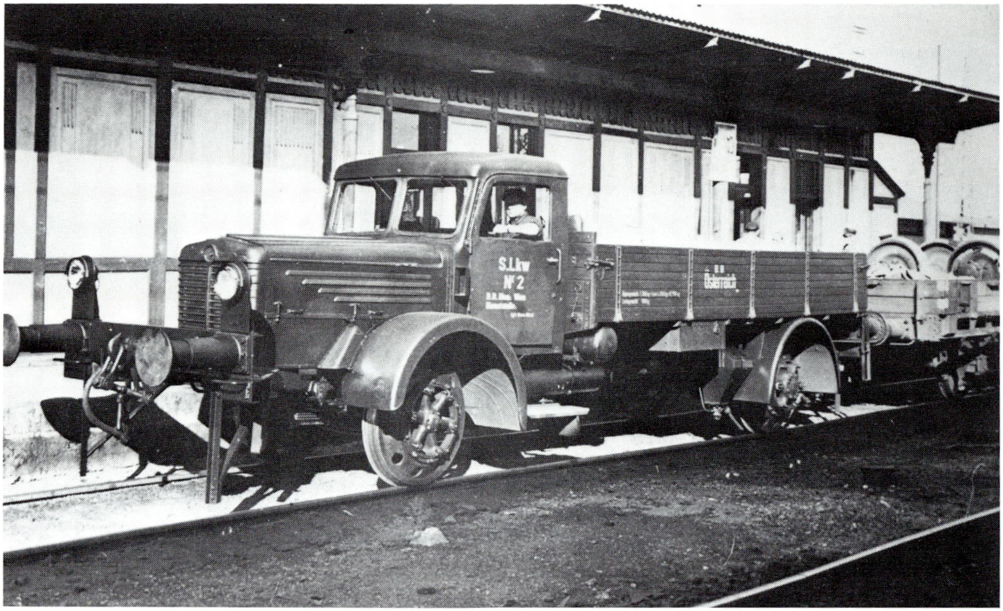
S.Lkw
Nº 2
Österreich

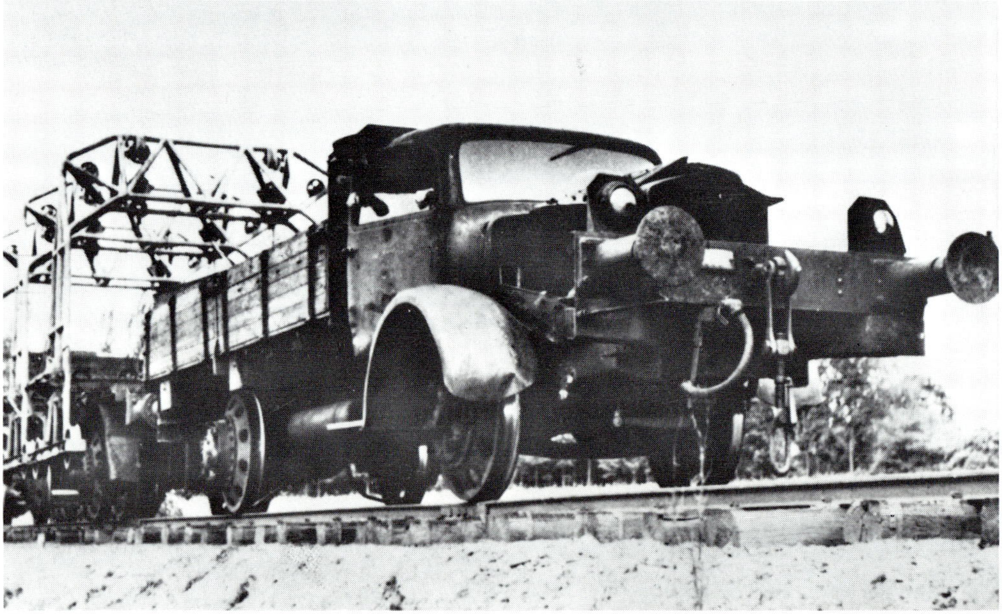

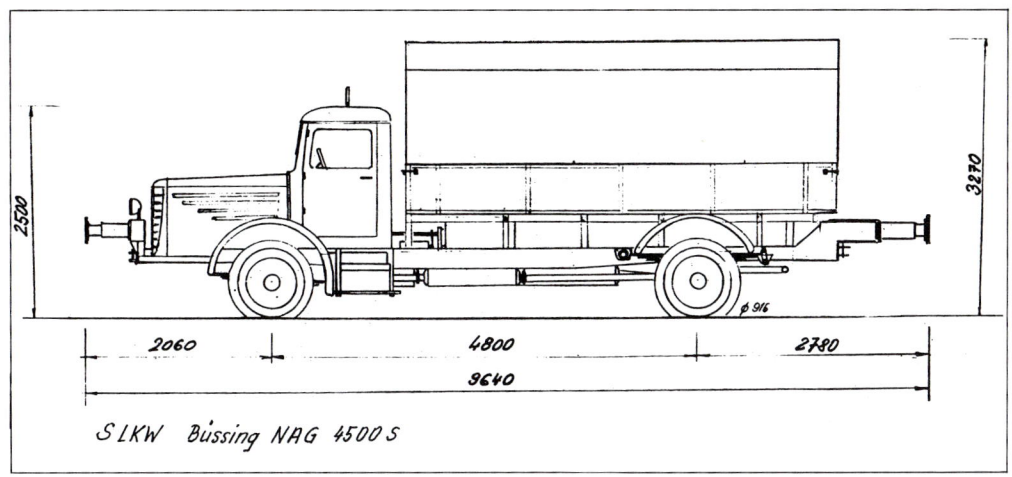

SLKW Büssing NAG 4500S

Büssing-Schienenlastwagen

Aufgrund der recht guten Erfahrungen aus dem Ersten Weltkrieg mit den Büssing-Wagen auf Bahngleisen ließ die deutsche Wehrmacht nach 1939 abermals solche Fahrzeuge umbauen. Einen Grundstock dazu bildete der Reichsbahnpark mit seinen schweren Straßenlastwagen für die Güterbeförderung, der schon seit langer Zeit auch unter dem Gesichtspunkt einer militärischen Verwendung gepflegt worden war. Aus diesem Bestand kamen vor allem die schweren Laster von Deutz und Vomag mit 6 bis 8 Tonnen Nutzlast, aber auch vereinzelte Henschel-Wagen.
Größerer Bedarf an solchen Schienenfahrzeugen trat mit dem Beginn des Krieges gegen die Sowjetunion ein. Für den Bahndienst in den weiten Gebieten hinter der Front brauchten Pioniere und Feldeisenbahner auch kleine Triebfahrzeuge in gewisser Anzahl, und dieser Bedarf ließ sich am schnellsten durch den Schienen-Lkw befriedigen. Besonders geeignet war der Typ 4500 S von Büssing-NAG, der in Braunschweig und bei Fross in Wien gebaut wurde: Sechszylinder-Dieselmotor mit 105 PS, Nutzlast 4,5 t und Gesamtgewicht 10 t. Bei diesem 1941 eingeführten Modell wurden Puffer, Zughaken und Bahn-Druckluftbremse wohl bereits im Werk montiert. Nach Kriegsende wurden solche Fahrzeuge in vielen Ländern weiter verwendet. Allein in Österreich fand man 13 Stück davon, die anfangs selbst Personenzüge beförderten. Links oben der „SLkw 2", aufgenommen 1952 in Wien West. Bei der Wiener Baufirma Schmidt & Metzger ist ein 1942 gebauter Büssing-Schienenlaster noch im Einsatz, oben seine Skizze mit jüngeren Scania-Schienenrädern. Bei dem links unten gezeigten tschechoslowakischen Schienenauto der Reihe A 130.6 dürfte es sich um einen früheren Wehrmachts-Mercedes des Typs L 4500 S mit 112-PS-Dieselmotor gehandelt haben. Aufnahme etwa 1965.

Fotos: Schmidt & Metzger, Jocham, Bek/Slg. Glöckner

Deutz-Achttonner auf Schienen

Noch schwerer als die 4,5-Tonnen-Schienen-laster von Büssing und Henschel war die Bahn-version des Magirus-Deutz-Typs L 365 für 6,5 bis 8 t Nutzlast und 14 t Gesamtgewicht. Diese Wagen hatten den Deutz-Sechszylinder F 6 M 517 mit 150 PS Nennleistung bei 13,5 l Hubraum, der auch im Faun-Schlepper arbei-tete. Aus den bis dahin an die Reichsbahn gelieferten Straßenlastwagen baute das Ulmer Werk im Juni 1941 eine Serie von 40 Exempla-ren so für die Feldeisenbahntruppe um, daß deutsche und russische Spurweite befahren werden konnte. Die Rahmen wurden verstärkt

und mit Pufferträgern versehen, dazu kam eine starre Vorderachse. Unten ein solcher Magirus noch auf dem Werkhof, rechts einige Einsatzbilder im Krieg gegen die Sowjetunion: oben bei Fertigstellung einer Behelfsbrücke, darunter als Triebfahrzeug vor dem Sonderzug des Befehlshabers der Eisenbahntruppen bei Nowgorod, ganz unten als doppeltes Gespann für Soldaten bei der „Feldbahndirektion 4". Die Landser nannten solche Wagen gern „Schienenzepp". Bei diesen Kriegsaufnahmen ist die Bildqualität erklärlicherweise weniger gut.

Fotos: Iveco Magirus, Bundesarchiv (2), Kinze/Slg. Anders-sohn

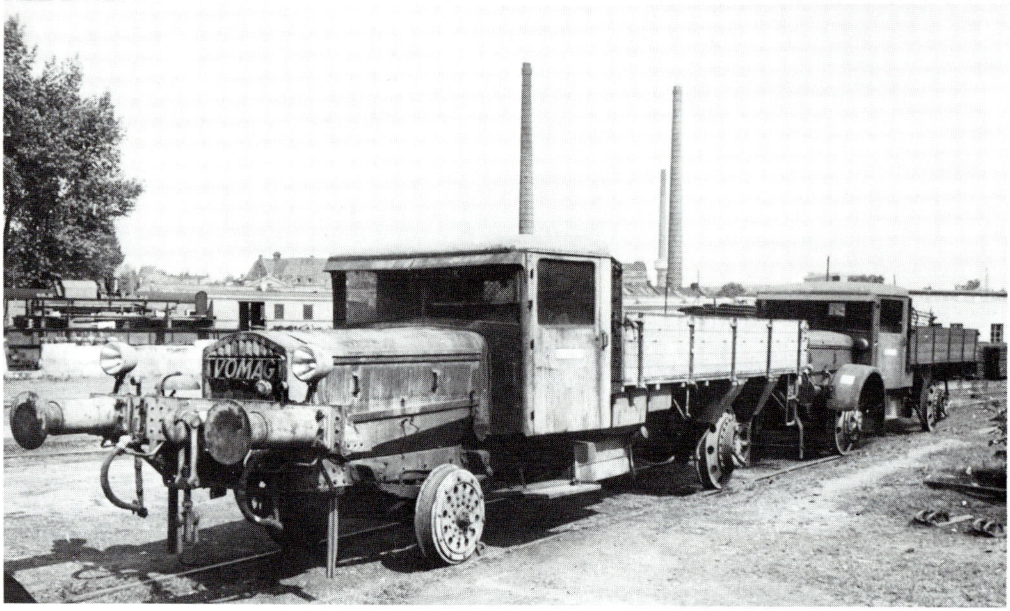
VOMAG

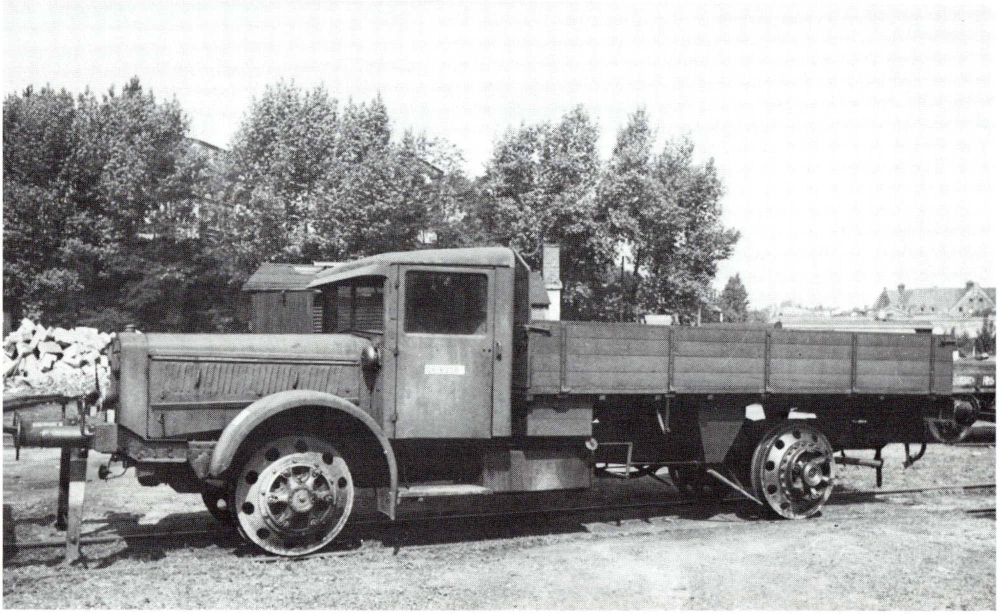

Von der Wehrmacht zur Bundesbahn

Ebenfalls 6,5 t Nutzlast bei 14 t Gesamtgewicht hatte dieser links abgebildete schienengängige Vomag-Lastwagen 6 LR 652 der Baujahre 1938 bis 1940. Das Ungetüm aus Plauen besaß einen Sechszylinder-Diesel von 160 PS; auffallend der kleinere Raddurchmesser an der Vorderachse. Mit Sandstreuer, Druckluftbremse und Läutewerk ein echtes Schienenfahrzeug. Dahinter und im Bild links unten nochmals ein Vomag-Fünftonner 5 LR 448 mit 100-PS-Vierzylinder, der in gleicher Weise während des

Krieges umgebaut worden war wie die Laster von Büssing, Magirus und Daimler-Benz.

Beide Aufnahmen entstanden im Juni 1949 in Hamburg-Harburg. Diese Vomag-Schienenlaster wurden wieder aufgearbeitet und vom Gleislager Harburg der Bundesbahn noch bis 1963 für Versorgungsfahrten eingesetzt. Das Bild unten zeigt den Sechstonner mit einem zweiten Schienenauto, vielleicht Mercedes L 4500 S, um 1958 an der Abzweigstelle Alsen bei Itzehoe. Vorschriftsmäßig ist ein Zugschlußsignal aufgesteckt.

Fotos: DB/Slg. Neumann

Der „Schienen-Kübel" für die Front: „Typ 157"

Der VW-Kübelwagen (Typ 82) wurde zwischen 1940 und 1945 in über fünfzigtausend Exemplaren gebaut. Da sich bei den Pionieren und anderen Wehrmachts-Truppenteilen im Krieg gegen die Sowjetunion die Frage der Benutzung von Schienenwegen stellte, wurde der spezielle, schienengängige Typ 157 entwickelt. Am 20. Oktober 1943 konnte ein Prototyp auf dem Truppenübungsplatz Arys in Ostpreußen vorgestellt werden.

Im April 1944 erschien dazu eine Dienstvorschrift mit „Beschreibung, Umbau- und Betriebsanleitung, Ersatzteilliste . . . zum Einlegen in das Gerät". Daraus ergab sich, daß der VW-Kübel auf Schienen und Straßen gleichermaßen eingesetzt werden konnte, wenn man die mitgelieferten Spurscheiben benutzte. Sie waren hinter die gewendeten Felgen zu schrauben, wodurch die Spurweite von 1356/1360 mm auf 1435 mm anwuchs. Auf Eisenbahngleisen sollte der Soldat höchstens 40 km/h anstreben und im übrigen, so die Drucksache 1159/3, stets „auf Schienen wie auf

vereister Straße fahren!" Dieser Hinweis schien besonders wegen der verschleißfreudigen Gummireifen notwendig.

Den Umbau vom Straßen- zum Schienenwagen sollten 2 bis 4 Mann in rund 15 Minuten durchführen, zum Wenden sollte der VW-Kübel möglichst auf Übergängen von vier Mann aus der Spur gehoben und gedreht werden. Nach dem Krieg hörte man von dieser Nutzung des „Kübels" nichts mehr, der unten abgebildet ist.

Kein „Opel-Blitz", wie in LOK-MAGAZIN 124 vermutet, sondern wohl ein Ford-Anderthalbtonner war es, den die Maschinenfabrik Beilhack in Rosenheim um das Jahr 1941 in ein Schienenfahrzeug umarbeitete. Der Wagen wurde als „Mannschaftstransporter" bezeichnet. Im Gegensatz zum Umbau der schwereren Lastkraftwagen wurde auf Puffer, Zughaken mit Kupplung und Druckluftbremse verzichtet; vermutlich ein Einzelstück. Die Bilder rechts entstanden anläßlich einer Probefahrt nach Bruckmühl. Bemerkenswert die mit Handkurbel zu betätigende „Aushebe- und Drehvorrichtung". ·

Fotos: Volkswagenwerk, Beilhack (3)

6. Kapitel:
Schienenautos der fünfziger und sechziger Jahre

Militär-Schienenlaster in anderen Ländern

Als Überbleibsel des Zweiten Weltkrieges steht dieser japanische Militärlastwagen auf Meterspurgleisen in Thailand. Er bildet ein Denkmal am Bahnhof Kanchanaburi bei der berühmten „Brücke am River Kwai". Hier waren vor 1945 zahlreiche britische Kriegsgefangene beim Bau der Burma-Eisenbahn zu Tode gekommen. Das Bild entstand 1969.
Rechts oben ein amerikanischer Militärlaster von GMC mit der Typenbezeichnung AFKWX 353, der 1943/44 in England als Schienenschlepper des „US Ordnance Corps" eingesetzt war, um in den für die Invasion angelegten Depots zu rangieren. Die beiden folgenden Bilder künden bereits die Zeit nach dem Zweiten Weltkrieg an. „Selbstmord-Trupps: Gepanzerte Wagen fahren jetzt in Palästina vor den Zügen her, um die Strecke vor Bomben und Minen zu sichern" – so war es 1947 in einer schweizerischen Zeitschrift zu lesen, der das in der Mitte wiedergegebene Bild entnommen ist. Von 1923 bis 1948 war Palästina britisches Mandatsgebiet, und gegen Ende dieser Zeit nahmen die Unruhen dort stark zu. Welches Auto die englischen Soldaten damals verwendet und mit einem Splitterschutz ausgerüstet haben, läßt sich nicht sagen; durch die angeschriebene „No. 16" kann man sogar darauf schließen, daß es kein Einzelstück gewesen ist. Aus dem Fahrzeugwerk im sowjetischen Gorki kommt auch ein Anderthalbtonner, der Anfang 1951 in Korea aufgenommen werden konnte. Das Bild rechts unten entstammt der schweizerischen Zeitschrift „Tat" vom 5. Februar 1951 und trägt folgenden Text: „Ein nordkoreanischer Militärcamion russischer Herkunft, der den UNO-Truppen in die Hände fiel, wurde von diesen mit Bahnrädern und einem Geschütz versehen und dient nun als bewaffnetes Schienenauto". Obwohl man nicht viel erkennt auf diesem Bild, sind die typischen Konturen des Lkw-Typs „GAZ-63" mit 70-PS-Benzinmotor klar auszumachen. Zwischen 1946 und 1963 wurde er gebaut. Es scheint, als wenn der hochbeinige Allrad-Laster von 1588/1600 mm Spurweite hart auf seinen Felgen läuft, denn bis auf eine Spurscheibe sind Anpassungen an den Schienenverkehr nicht zu erblicken.

Fotos: Ramaer, MVT Berlin/Slg. Metzeltin (3)

„Geerbte Schienenautos"

Eine bunte Typenmischung von Schienenau-tos setzte die Deutsche Bundesbahn in den ersten Jahren ihres Bestehens ein. Auf dem Bahnhof Marne in Schleswig-Holstein hat der Fotograf Hollnagel (oben) am 6. Oktober 1951 diese schwere Limousine, einen Ford-Achtzy-linder der Jahre 1937 bis 1940 mit 90 PS Maschinenleistung, auf die Platte gebannt. Der ursprüngliche Kühlergrill ist bereits durch zurechtgeschnittenes Lochblech ersetzt. Die-

ser Wagen besaß keine Wendevorrichtung. Einen Ford-V 8 der ersten beiden Lieferjahre 1935 und 1936 zeigt das nächste Bild, typisch die kleinen Fenster und die weit öffnenden, weil vorn und hinten angeschlagenen Türen. Das in Köln und bei Ambi-Budd in Berlin gebaute Auto war einmal der billigste Achtzy-linder auf dem deutschen Markt. Seine Stra-ßen-Spurweite von 1422 mm machte ihn für Umbauten zum Schienenfahrzeug sehr geeig-net. Aufgenommen im September 1952 bei Bevensen zwischen Hamburg und Hannover.

Fotos: DB/Slg. Neumann

Vorkriegsmodelle auf Schienen

Der klassische Tatra 57 B, von 1938 bis 1948 in beträchtlicher Stückzahl gebaut, kam im Nachkriegs-Österreich auf die Gleise: als „Schienen-Personenkraftwagen" SPKW 1 in St. Pölten 1953 (oben) aufgenommen. Sein luftgekühlter Vierzylinder-Boxermotor gab 25 PS her. Gegenüber der Straßen-Spurweite von 1200 mm waren die Schienenräder wesentlich weiter auseinandergerückt, doch reichte der Platz an der Hinterachse noch für ein Verkleidungsblech. Das ungarische Schienenauto „Pft. 622" trägt auf dem Kühler noch das Zeichen der Auto-Union. Es ist ein Wanderer W 24 aus dem sächsischen Siegmar, der als stabiler Viertürer zwischen 1937 und 1940 in rund 23 000 Exemplaren (nach Oswald) gebaut worden ist. Der Vierzylindermotor leistete 42 PS, das Dach wurde bereits mit „Ersatzstoffen" belegt, um Metall einzusparen. Bei der Aufnahme unten am 2. Mai 1965 in Fertöszentmiklos befand sich der Wagen noch immer in gutem Zustand.

Fotos: Pfeiffer, Schmied

„Die Bundesbahn schient um"

So stand es in der Illustrierten „Stern" vom 7. November 1954, als über die Einführung des Schienen-Straßen-Omnibusses zwischen Koblenz und Betzdorf berichtet wurde. Die Entwicklungsgeschichte dieser grandiosen Fahrzeuge zeigen die folgenden Seiten: Schon 1934 hatte die Deutsche Reichsbahn, vom britischen „Karrier-Bus" beeinflußt, Projekte zu einem Straßen-Schienen-Omnibus aufgestellt, seinen Bau aber unterlassen. Nach dem Kriege griff man beim Bahnzentralamt München diese Ideen wieder auf, um mit einem neuen Zweiwegefahrzeug die Verkehrsbedienung ländlicher Gebiete auf wirtschaftliche Weise zu verbessern. Dazu sollten möglichst handelsübliche Straßenbusse mit „Spurwagen" auf der Schiene und mit ihren normalen Luftreifen auf dem Asphalt fahren. Erste Versuche dazu wurden mit einer dreiachsigen Kaelble-Zugmaschine aus dem Straßenrollerdienst durchgeführt, die auch bei anderen Gelegenheiten

aushalf. Im Bild unten ihr Einsatz als Schienentraktor beim Wiederaufbau des Deutschen Museums München mit der ersten Maffei-Lokomotive; um 1950.

Bei Probefahrten über 120 000 km bewährte sich dieses System ausgesprochen gut, und die Bundesbahn unternahm weitere Tests. Rechts oben ein Faun-Bahnbus des Typs O7V mit Schienenfahreinrichtung im März 1951, darunter ein MAN-Lastwagen im Dauertest. Ganz unten rechts ein Krauss-Maffei-Bus mit Rathgeber-Aufbau im Hauptbahnhof München. Er besorgte das Übersetzen auf die Schienen-Leitgestelle mittels einer Auflauframpe. Es gab mindestens zwei dieser Wagen, die im Herbst 1951 auf Fahrten von München nach Ingolstadt und Landshut sowie bei Leinfelden im Raum Stuttgart zeigen konnten, was in ihnen steckte. Sie überzeugten, und die DB beschloß den Bau einer Serienausführung des Schi-Stra-Busses.

Fotos: Deutsches Museum, Faun-Werke, DB-Pressedienst (2)

Der „Dünen-Expreß" auf Sylt:
Borgward auf Schienen

Eine besonders kuriose Anwendung von Straßenfahrzeugen auf Eisenbahngleisen brachte
die meterspurige Sylter Inselbahn vor drei
Jahrzehnten zustande: Zwischen 1952 und
1954 stellte sie fünf Borgward-Sattelschlepper
mit 90-PS-Motor in Dienst, die Schienenräder
und Fahrgast-Auflieger erhielten. Ob es sich
um Restposten der Bremer Fabrik oder Ge-
brauchtkäufe handelte, ist angesichts der
„Dachluken" und „Anhängerdreiecke" auf
den Borgwards nur schwer zu sagen. Diese
Wagen „LT 1" bis „LT 5" konnten noch einen
– oft aus Zeiten der Sylter Südbahn stammen-
den – Anhänger ziehen, und bei Platzmangel
durften Reisende auch im Fahrerhaus einstei-
gen. Zum Wenden dieser Sonderlinge waren
handbetätigte Drehscheiben in List und Hörnum auf Sylt vorhanden (Bild unten: LT 1 am
13. Mai 1961 in Hörnum). Übrigens besaß
diese Bahn auch zwei Wismarer Schienenbusse. Einer dieser Wagen, der T 25, ist im Bild
rechts oben neben dem LT 1 zu sehen (Westerland, 25. Juni 1966). Auch er hat einen Borg-
ward-Motor statt der ursprünglichen Ford-
Maschine erhalten. Das farbige Bild rechts
unten zeigt einen Borgward-Schienenbus im
Sommer 1960 vor der Abfahrt von Westerland
nach List. Der Wagen LT 4 befindet sich heute
in desolatem Zustand beim Straßenbahnmu-
seum Hannover.

Fotos: Kindermann, Dr. Löttgers, Jansen

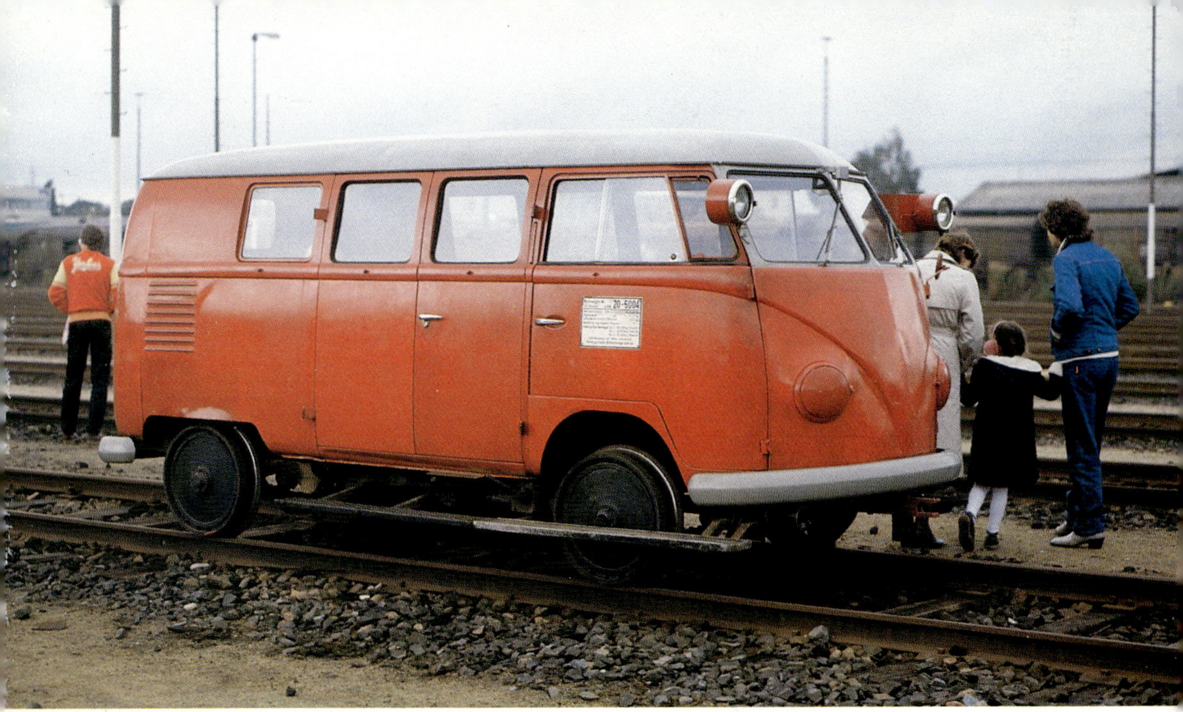
20-5004

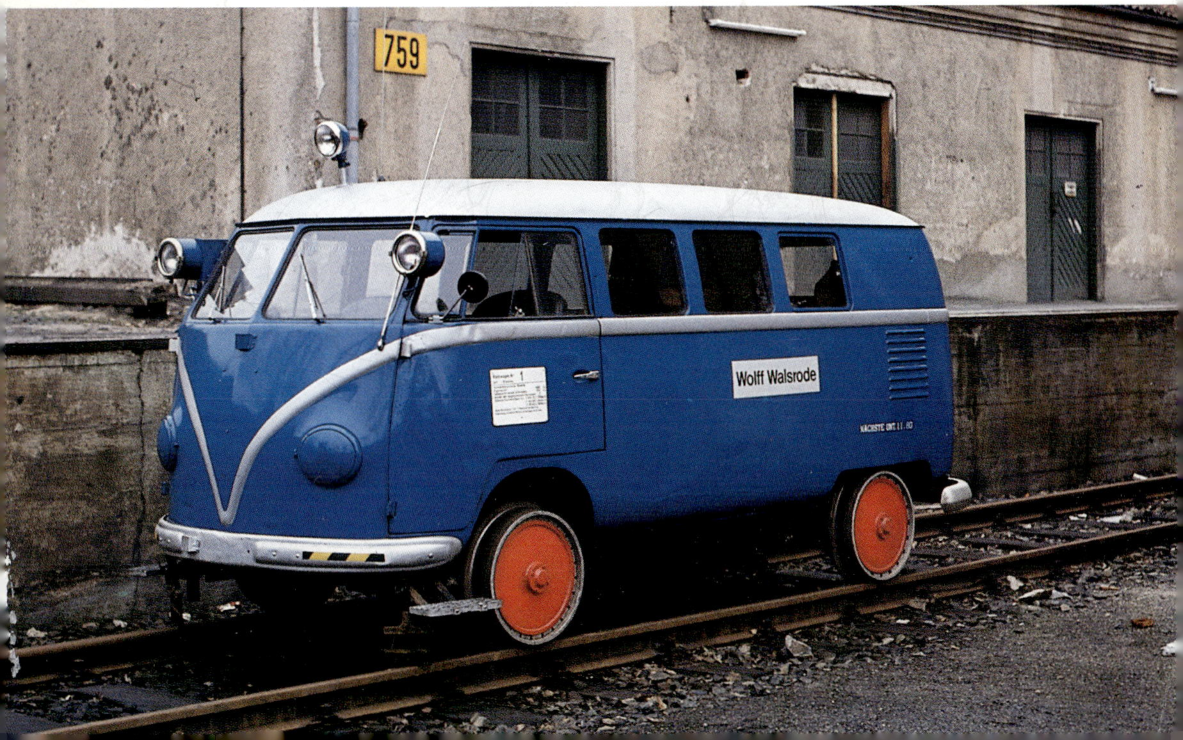
759
Wolff Walsrode

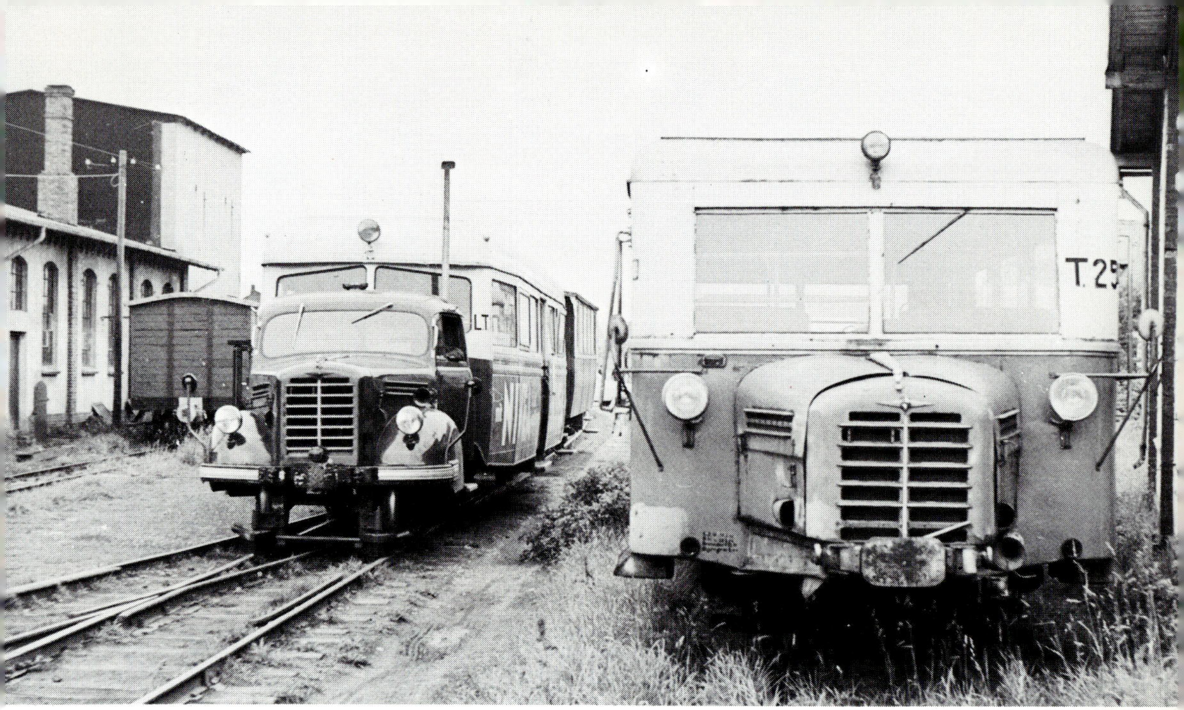

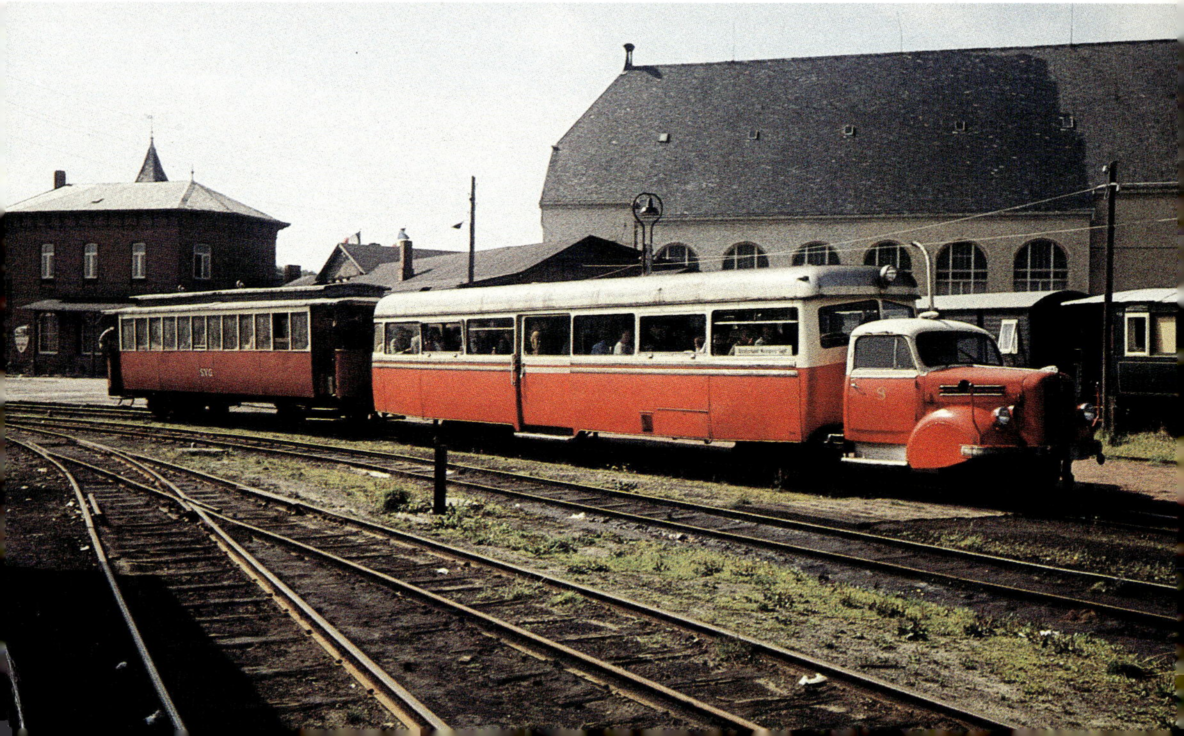

Zwei Farbbilder zum Text auf Seite 81 zeigt die linke Seite: In strahlenden Farben präsentieren sich die Volkswagen-Schienenbusse der Firma Wolff-Walsrode AG in Bomlitz (April 1978, Bild oben) und der Historischen Eisenbahn in Frankfurt am Main (Juli 1980 in Elmstein, Bild unten). Sie haben im Heck VW-Boxermotoren von 28 bis 30 PS.

Fotos: Roggenkamp, Sandtner

Ein „Caravan" aus Buxtehude

Da auf der Buxtehude-Harsefelder Eisenbahn auch Museumsbetrieb durchgeführt wird, ist ihr Opel Olympia Caravan von der Bahnmeisterei Harsefeld-Süd recht bekannt. Das 1955 gebaute Vehikel stand zuvor bei der Osthannoverschen Eisenbahn als KL 12 der Bahnmeisterei Celle-Nord im Einsatz. Die Untersuchungsfristen sind heute allerdings abgelaufen, und es ist fraglich, ob der Anderthalb-Liter-Motor jemals wieder seine ursprünglichen 40 PS entwickeln wird. Das Farbbild zeigt den Zustand im November 1983.

Foto: Sandtner

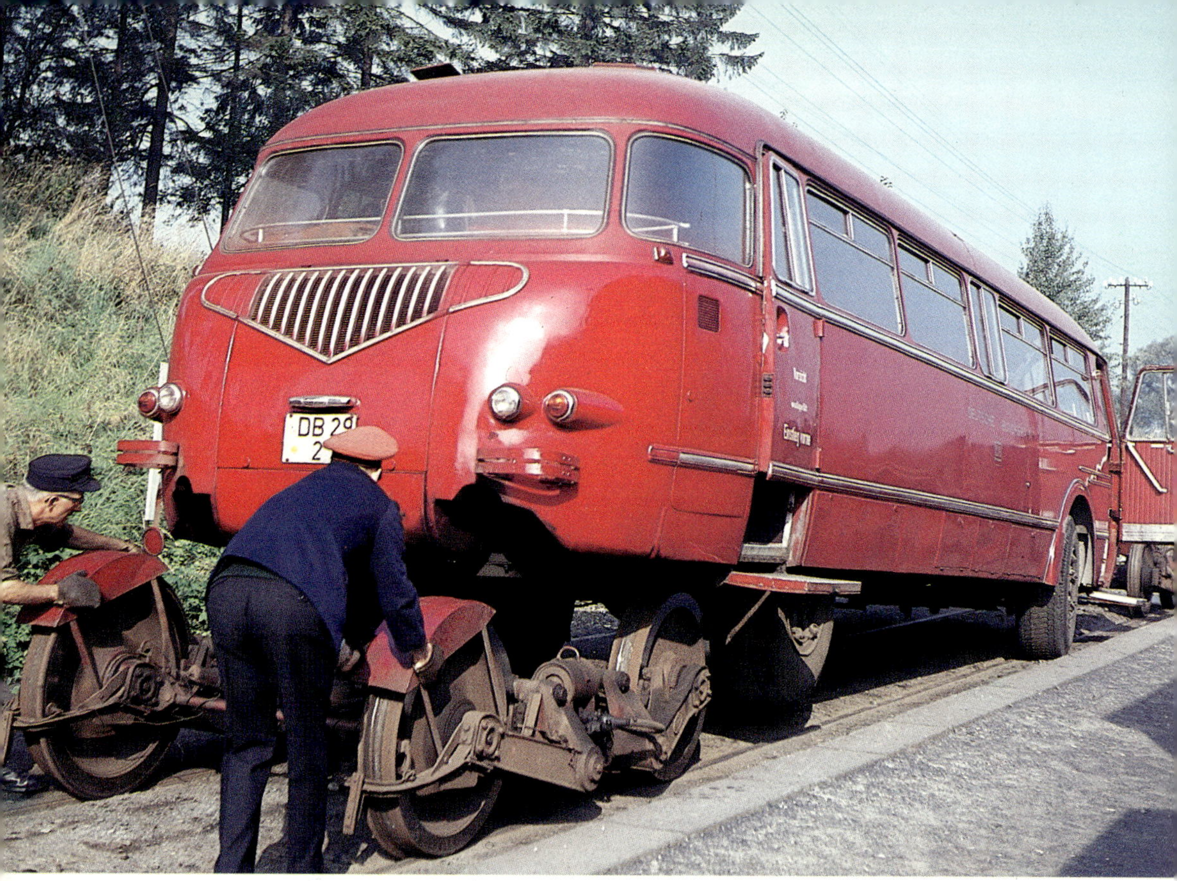

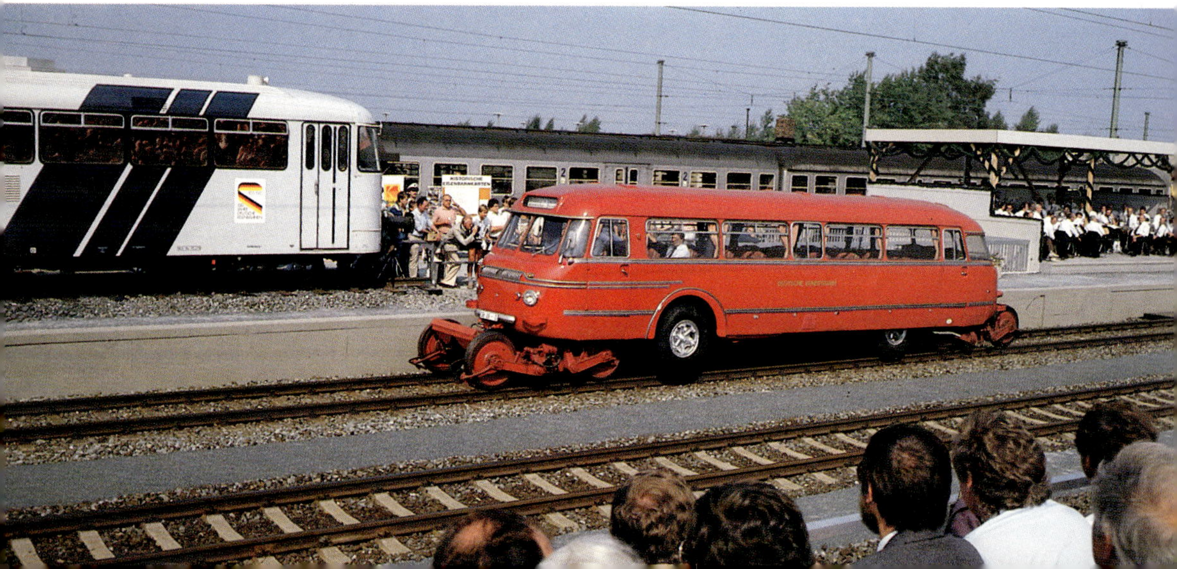

Fünfzig Schi-Stra-Busse sollten es werden

Entwicklung und Bau der Schienen-Straßen-Omnibusse für die DB nahmen die Nordwestdeutschen Fahrzeugwerke in Wilhelmshaven auf der Grundlage eines vorhandenen Modells vor, während die neuen Spurwagen bei Waggon- und Maschinenbau Donauwörth entstanden. Der erste Wagen des NWF-Typs SD 130 R im chromglänzenden Straßenkreuzer-Look jener Jahre wurde 1953 auf der Deutschen Verkehrsausstellung präsentiert. Insgesamt sind 50 Stück geliefert worden, die aber auch als reine Straßenbusse laufen konnten. Man hatte den NWF-Bus mit seinem Deutz-Sechszylinder von 120 PS Nennleistung für diesen Einsatz gewählt, weil der Aufbau in Form eines selbsttragenden Kastengerippes leicht und steif zugleich war, auch gestattete er gut den Einbau von Stützpfannen für die Spurwagen und von hydraulischen Hebern zum Unterschieben der Schienenräder.

Insgesamt kamen nur 15 dieser Busse in den kombinierten Verkehr. Man benutzte sie im Überlandverkehr Cham – Passau, Augsburg – Füssen, Bernkastel – Remagen, Koblenz – Betzdorf und Waldshut – Immendingen, wobei schon ab 1958 bis 1967 nur noch die Betzdorfer Strecke mit drei Bussen im Schi-Stra-Betrieb stand. Rechts der NWF-Bus mit seiner flotten Heckflosse beim Eingleisen in der Oberpfalz 1954. Vier Minuten sollte das Unterfahren der Spurwagen dauern, zwei Minuten ihr Absetzen: links oben der Bundesbahnwagen DB 29-2 am 12. September 1966 in Dierdorf. Der Schi-Stra-Bus DB 29-3 wurde zum Museumsstück der Gesellschaft für Eisenbahngeschichte: links unten seine Paraderolle bei den Nürnberger Jubiläums-Kavalkaden am 22. September 1985.

Fotos: Veen, MVT Berlin, Mündler (2)

Schienenautos auf der Verkehrsausstellung 1953

Die Deutsche Verkehrsausstellung München 1953 öffnete, knapp acht Jahre nach Kriegsende, dem Techniker weit den Blick in eine Zukunft des motorisierten Wirtschaftswunders: Neben „richtigen Vollbahnfahrzeugen" gab es einen Schi-Stra-Bus mit Froschaugen-Karosserie als Serienvorläufer zu sehen (Bild oben). Die Spurwagen wurden von WMD in Donauwörth geliefert. Dieses Unternehmen stellte mit der MAN auch einen Zweiwege-Sattelanhänger in Varianten für Güter- und Personenverkehr aus. Der Güterwagen hatte hinten eine Doppelachse mit Straßenreifen und Eisenbahnrädern, die hydraulisch umgeklappt werden konnte (rechts oben). Weitere dieser Anhänger konnten übrigens aufgesattelt werden, wie es bald darauf auch ein neuer britischer „Road-Railer" versprach – doch rechte Züge nach dem Geschmack der Eisenbahner gab das nicht. Die praktischen Erfahrungen mit diesem System waren angesichts immer besser ausgebauter Autobahnen und Fernstraßen nicht ermutigend, und so hat erst der Übersee-Container dem kombinierten Verkehr wirklich zum Durchbruch verholfen. Gänzlich unbeachtet stand am Rande des Münchner Spektakels auch der FKF-Gleiskraftwagen aus Frankfurt, der unter Verwendung von VW-Teilen zur Personen- und Materialbeförderung entwickelt worden war (Eigengewicht 1500 kg, Tragfähigkeit 1050 kg, Höchstgeschwindigkeit 75 km/h); Bestellungen blieben aus (Bild rechts in der Mitte).
Einen höchst ungewöhnlichen Schienen-Bus besaß ein paar Jahre später die Bundesbahn-Versuchsanstalt München, Abteilung für Brennkrafttechnik. In diesem Institut wurden alle Motorkleinwagen der DB untersucht. Dieses Fahrzeugpaar mit den Nummern „Klv 80.9594/5" war als „Bremswagen 1/2" bezeichnet. Der Aufbau dieser dreiachsigen Gefährte, die bis 70 km/h schnell fahren durften, kam von einem Straßenbus Marke Krauss-Maffei. Aufnahme (rechts unten) beim Zentralamt München im August 1965.

Fotos: Pragher, Eckert/Slg. Claus, Schörner, Dr. Fiegenbaum

Vom VW-Bus zum VW-Schienenbus

Ein bis auf den heutigen Tag sehr beliebtes Schienenauto ist der Volkswagenbus, den die Bundesbahn 1955 als geräumige „BD-Draisine" für Bezirksbereisungen anschaffte – in wenigstens vier Museumsbahnbeständen ist sie noch vorhanden: Frankfurt, Kassel, Bad Nauheim und Neustadt haben einen Wagen der Serie „Klv 20-5000" im Betrieb, und bei Wolff-Walsrode läuft ein Exemplar noch alltäglich. Die Sonderkonstruktion erhielt einen stabilen Leiterrahmen mit Spezialachsen, auf welchen die VW-Karosserie aufgesetzt wurde, denn die Autoräder hätten beim Einfedern ihre Spurweite verändert. 15 Stück baute Beil-hack (Bild links unten) in Rosenheim um, weitere 15 die Waggonfabrik Donauwörth. Insgesamt gab es also 30 dieser Draisinen des Modells „GBA 1"; weitere sechs Exemplare kauften die Schweizerischen Bundesbahnen mit den Betriebsnummern Dm 3682 bis 3687 ein. Sie besaßen einen geschlossenen Transporter-Kasten und wurden bei Oberleitungsarbeiten verwendet, wie das Bild Seite 82 – auf Bahnhof Ebikon im August 1972 – erkennen läßt. Links oben ein Blick ins „Cockpit" des DB-Wagens, der ganz ohne Lenkrad auskommt. Bei vielen anderen Schienenautos hatte man es aus psychologischen Gründen beibehalten. Oben eine Betriebsaufnahme vom Mai 1960 in Minden. Siehe auch Seite 74.

Fotos: Beilhack/Slg. Klersy (2), Kindermann

Ein „Trambus" von Büssing

Mit höchst bewegter Geschichte kann der unten abgebildete Büssing-Bus aufwarten. Er wurde 1937 in Braunschweig als Straßenbus für die „Überlandwerke und Straßenbahnen Hannover" (Üstra) in einer Serie von acht Stück gebaut: Einsatz auf der Strecke nach Misburg, im Kriege zerstört und 1949 mit Ganzstahlkarosserie wieder aufgebaut.

Da der Dreiachser im Straßenverkehr zu schwerfällig war und wenig benutzt wurde, verkaufte man ihn 1954 in tadellosem Zustand an die Württembergische Eisenbahngesellschaft. Bei Auwärter wurde eine Zusatztür eingebaut, in der Werkstatt Neuffen arbeitete man den Bus sodann zum Schienenfahrzeug mit 1000 mm Spurweite um. Hinten kamen neue Eisenbahnräder von 850 mm Laufkreisdurchmesser, vorn eine normale Schmalspurachse zum Einbau. Der Unterflurmotor von 1936 mit dem Schaltgetriebe sowie die Bremse blieben unverändert, doch mußte nach einem Unfall im März 1955 ein neuer Büssing-Motor des Typs U 10 mit 150 PS Leistung eingebaut werden.

Der leer rund 11,5 Tonnen schwere Wagen mit der Betriebsnummer T 35 wurde von der WEG bis zum Beginn der siebziger Jahre auf ihrer Strecke Amstetten – Laichingen eingesetzt und dann leider bald verschrottet. Bis dahin hatte er schätzungsweise 350 000 Kilometer auf Schienen zurückgelegt. Unser Bild entstand am 4. April 1964 in Laichingen, als der Bus noch „wie neu" aussah.

Links noch ein VW-Bus auf Schweizer Schienen (s. S. 81).

Fotos: Furgler, v. d. Berswordt

Selbst die „Isetta" mußte auf Schienen laufen: Kleinwagen

1953 brachten die Iso-Werke in Mailand das heute längst zur Legende gewordene Gefährt aus Motorrad-Technik und prall gewölbter Gewächshaus-Architektur heraus. BMW in München übernahm 1955 die Lizenz und baute den eigenen Motorradmotor von 12 PS, später 13 PS, ein. Die Spurweite belief sich vorn auf 1200 mm, hinten auf 520 mm. Im Torfwerk von Victor Gellhaus in Lohne stand ein solches Vehikel auf 600-mm-Feldbahngleisen im Betrieb, war allerdings 1985 bereits zerlegt (Bild unten vom September 1982). Auch in Großbritannien wurde die BMW-Isetta, am weiß-blauen Propeller auf der Haube kenntlich, nicht schlecht verkauft. Ein Exemplar kam als „Rail Taxi" bis zu einer Schiefergrube in Kent und von dort in das Museum der walisischen Stadt Blaenau Ffestiniog. An diesem Modell sind besonders die vorderen Doppelachsen bemerkenswert. Das 1957 gebaute Fahrzeug soll 1967 auf Schienen gesetzt worden sein (Bild rechts Mitte).

Auch Fiats erfolgreichen Kleinwagen „Topolino" (Mäuschen) hat es einmal auf Eisenbahnschienen von 76 cm Spurweite verschlagen: bei der Steiermärkischen Landesbahn in Österreich, aufgenommen (rechts oben) bereits in ausgeschlachtetem Zustand am 6. Mai 1966 in Murau. Dieser Kombiwagen „500 C Giardiniera Belvedere" mit Rollverdeck und Wandprägung wie bei einem amerikanischen „Station Wagon" wurde zwischen 1951 und 1955 gebaut. Sein 569-cm^3-Motor gab 16,5 PS her. In Verkehrsmuseen findet man übrigens wesentlich mehr „Autos auf Schienen" als vermutet; das Kuriose und Außergewöhnliche findet leichter seinen Weg in die Sammlungen als der Normalfall. Selbst in dem kleinen südindischen Eisenbahnmuseum von Mysore steht ein meterspuriger „Austin Pickup" mit Ladefläche im Heck, vermutlich Typ „Eight" von 1946 aus der britischen Kolonialzeit. Aufnahme rechts unten vom April 1980.

Fotos: Hoffmann, Pfeiffer, Theuring, Friedrich/Slg. Wunschel

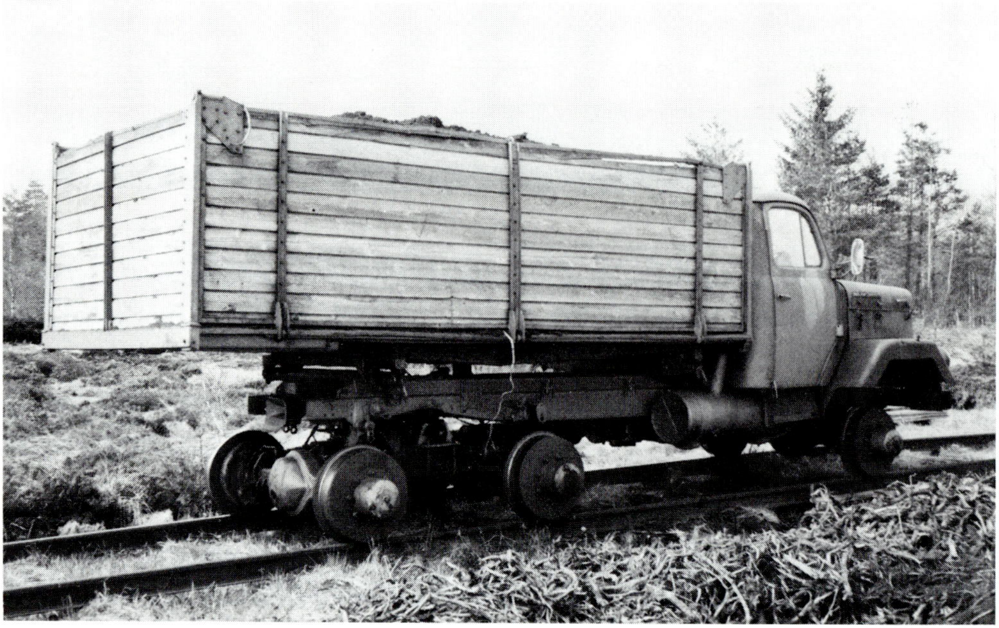

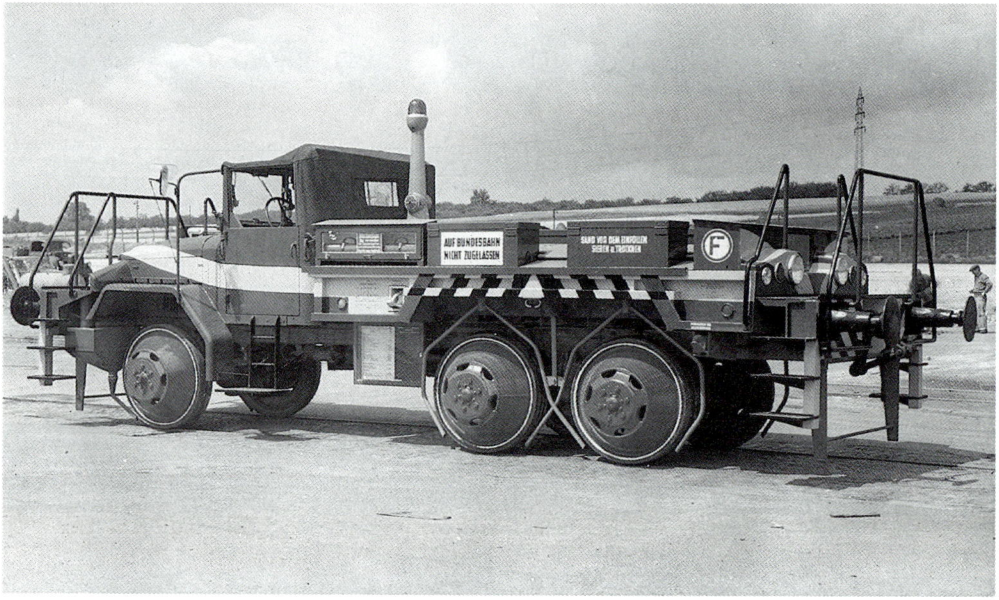
AUF BUNDESBAHN
NICHT ZUGELASSEN
F

7. Kapitel:
Moderne Schienenautos

Allrad-Laster auf Schienen

Dem Abbau von Torf im oberbayerischen Schönram dient dieser links gezeigte „Brummbär" auf Schienen, gebaut im einstigen Ulmer Werk von Klöckner-Humboldt-Deutz. Vermutlich handelt es sich um einen allradgetriebenen „Saturn 150 AK 6 × 6" mit luftgekühltem 150-PS-Dieselmotor, den das Torfwerk Stefan Kraller dort einsetzt. Der aus Brettern gefügte Kasten ist eine eigene Anfertigung. Als Gleise finden ausrangierte DB-Joche mit Betonschwellen Verwendung. Die Aufnahme entstand im April 1982.

Nach dem Ende des Zweiten Weltkriegs wurde der 2,3-Tonnen-Lastwagen M 35 bei den amerikanischen Truppen eingeführt und in viele Länder exportiert. Im Laufe der Jahre hat man diesen Standard-Lastwagen in vielen Varianten und mit verschiedenen Motoren

gebaut, die immer rund 140 PS leisteten. Auf Schienen war dieses robuste Fahrzeug in verschiedenen Ausführungen zu sehen: die VDM (Vereinigte Deutsche Metallwerke) in Oberursel bei Frankfurt am Main setzten einen eigens umgebauten „6 × 6" bei ihrer Anschlußbahn ein, der deutschen Zulassungsbestimmungen entsprach. Lampen, Bühne, Feuerlöscher, Hemmschuhe und dergleichen zierten den Lastwagen von 8140 mm Länge über Puffer und 12 t Dienstgewicht. Die Felgen von 1700/1800 mm Straßenspurweite waren nach innen gedreht, um die Normalspur von 1435 mm zu erreichen. Dieser Wagen wurde etwa 1960 umgerüstet (Bild links unten). Die amerikanische Armee selbst nutzte ihren „6 × 6" in ähnlicher Form. Unten ein 1974 in Böblingen rangierender US-Laster mit ordentlichen Eisenbahnpuffern vor sehr beachtlicher Last. Auf dem Zug zwei weitere 6 × 6-Laster.

Fotos: Fritz, Brieke/Slg. Ridder, Stemmler

Auf Schiene und Straße:
Die „Zweiweg-Idee"

Angesichts der vielen „echten" Autos auf Schienen läßt sich in diesem Buch die besonders in den letzten Jahren herangewachsene Vielzahl von Straßenfahrzeugen nur streifen, die mit einem zusätzlichen, einziehbaren Schienenlaufwerk ausgerüstet worden sind: Turmwagen der Straßenbahn, Feuerwehr-Rüstwagen und selbst Saug-Kehr-Maschinen haben die einschlägigen Werkstätten von Ries, Streicher, Schörling, Zagro oder Zweiweg/Beilhack ausgerüstet. Bei großen Lastwagen benutzt man gern einen hydraulisch einziehbaren Unterwagen, während für kleinere Fahrzeuge je ein Paar Spurrollen vorn und hinten genügt. Antrieb erfolgt hier über die Straßenreifen, deren Lauffläche die Schiene erreichen muß.

Begonnen hat diese Entwicklung um das Jahr 1960 die im Bau von Draisinen und Eisenbahn-Kleinwagen versierte Maschinenfabrik Martin Beilhack in Rosenheim, die zuerst ein Patent über die Spurführung von Autos auf Schienen mittels anhebbarer Spurhalter-Gleitkufen erhielt. In Zusammenarbeit mit dem Bundesbahn-Zentralamt München wurden sodann für den ersten „eckigen" Unimog-Typ 411 und einen amerikanischen Ford-Kombi von 1530 mm Straßenspurweite, Typ „Falcon" (Bild rechts oben), die Staatsbahnzulassungen erreicht. 1969 wurde bei diesem Fabrikat die Kufe von einer doppelten Spurrolle abgelöst, die am Markt den Durchbruch schuf: Bundesbahnzulassungen für den Ford-Transit (rechts Mitte), den neuen Mercedes-Transporter 307 D/308 (rechts unten) und viele Unimog-Varianten folgten. Die Anordnung der wichtigsten Bauteile am Unimog-Typ U 80 gibt die Skizze von 1970 wieder.

Fotos: Zweiweg-Fahrzeug (3), BZA München/Engels (1)

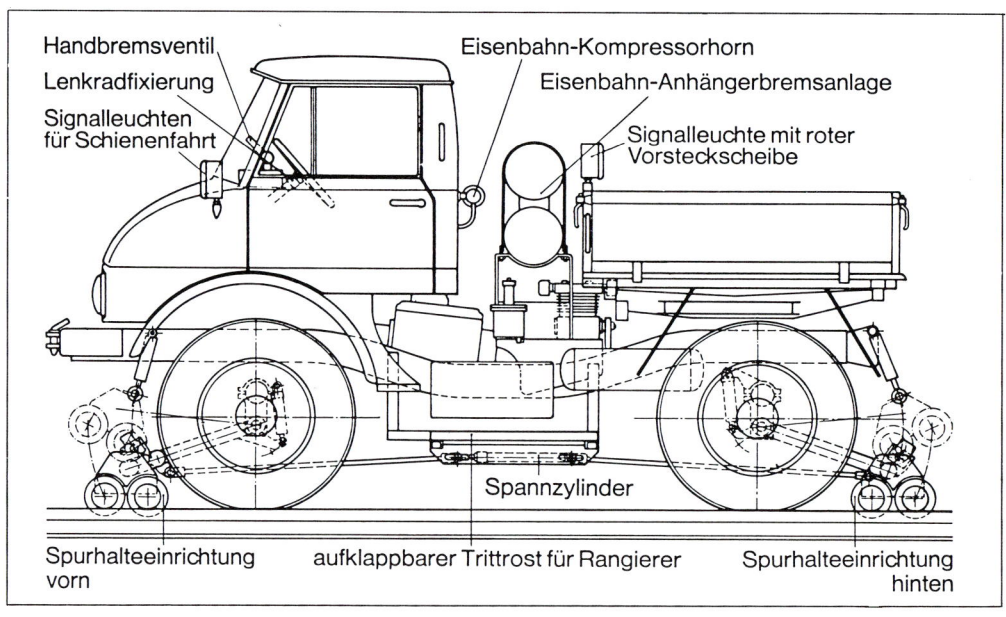

Handbremsventil
Lenkradfixierung
Signalleuchten für Schienenfahrt
Eisenbahn-Kompressorhorn
Eisenbahn-Anhängerbremsanlage
Signalleuchte mit roter Vorsteckscheibe
Spannzylinder
Spurhalteeinrichtung vorn
aufklappbarer Trittrost für Rangierer
Spurhalteeinrichtung hinten

Erfolgreichstes Schienenauto:
Der Zweiweg-Unimog

In den letzten fünfzehn Jahren dürften rund eintausend Unimogs mit Schienenfahreinrichtungen in den unterschiedlichsten Ausführungen geliefert worden sein. Der Verkauf wird von Daimler-Benz stark gefördert. 1970 wurde der Zweiweg-Unimog für 60 000 DM angeboten, während eine entsprechende 20-t-Motorlok den zwei- bis dreifachen Betrag kostete. Diese Unimogs waren zunächst für 300 t, später für 600 t Anhängelast zugelassen, wenn entsprechende Bremsanlagen installiert waren. Sie wurden bis nach Korea und Ost-Berlin verkauft, an kleine Werksbahnen wie an Staatsbahnsysteme: So besitzen die Österreichischen Bundesbahnen drei moderne Zweiweg-Unimogs mit Doppelkabine aus Rosenheimer Produktion für Notfälle und Rettungen in langen Tunnels, die in Mallnitz (Tauern), St. Anton (Arlberg) und Selzthal (Gesäuse) stationiert sind. Im Bild oben der Mallnitzer Schienen-Unimog, seit 1978 in Betrieb. 1976 wurde der Gelenkrollen-Spurhalter

ZW 82 S eingeführt, in dem sich jedes Rollenpaar um eine senkrechte Achse fast wie ein Drehgestell auf Gleiskrümmungen einstellen kann.

Zwei andere Systeme des Unimog-Schieneneinsatzes hatte die Maschinenfabrik von Ries aus Bruchsal im Programm. Sie verwendete entweder vorn und hinten einfache, etwas größere Führungsräder an starren Achsen, die hydraulisch angehoben werden können (Bild rechts oben), oder lieferte spezielle Wechselräder mit schmalen Gummireifen und stählerner Spurscheibe. Über diese Wagen wird auf den nächsten Seiten berichtet. Eine Zwitterstellung nimmt auch der „Lokomog" von Ries mit hinterer Pufferbohle (rechts unten) ein. Rechts in der Mitte schließlich ein Muster der Ausrüstung mit anhebbarem Unterwagen, der sogar Sandstreuer und Magnetbremse besitzt. Magirus-Deutz baute 1971 den ersten schienen- und straßengängigen Feuerwehrwagen der Welt mit Schienenfahrgerät von Waggonbau Schörling für die U-Bahn Frankfurt a. M.; eine jüngere Variante war im Mai 1979 auf der IVA Hamburg zu sehen.

Fotos: ÖBB-Pressedienst, Ries, von Harlem, Stemmler

Der „echte" Schienen-Unimog

In beträchtlichen Stückzahlen auf Schienen eingesetzt ist, wie gesagt, der Unimog von Daimler-Benz aus dem Werk Gaggenau. Die Mehrzahl der Unimogs hat die übliche Luftbereifung und wird auf Gleisen durch Spurrollen verschiedener Konstruktionen geführt; es handelt sich also um Zweiwegefahrzeuge, über die eben berichtet wurde. Wesentlich seltener ist der Unimog als reines Schienenfahrzeug, wenn es auch einige Dutzend davon geben mag. Ausgerüstet mit Hartgummireifen und abnehmbaren Spurscheiben aus Stahl, können aber auch diese Schienen-Unimogs gelegentlich dort fahren, wo keine Schienen liegen. Das erste Bildbeispiel stammt aus dem Babcock-Jurenkawerk in Oberhausen-Friedrichsfeld (links oben), aufgenommen im Mai 1976. Man erkennt, daß dieser „Lokomog" von Ries aus Bruchsal ein Ballastgewicht trägt. Dieser Fahrzeugtyp wird noch hergestellt, während der links in der Mitte gezeigte Unimog auf Meterspur bereits verschrottet wurde. Der Turmwagen für Leitungsreparaturen gehörte dem Dyckerhoff-Zementwerk in Amöneburg bei Wiesbaden, aufgenommen im April 1977. Die Straßenspurweite und die Rahmenbreite des normalen Unimog sind zu groß, um ihn im Zweiwegsystem ohne weiteres auch auf Kapspur (1067 mm), Meterspur oder gar auf Kleinbahnen von 914 mm Spurweite als Arbeitsfahrzeug einzusetzen. Da nach solchen Geräten aber Nachfrage bestand, wurden verschiedene Sonderkonstruktionen entwickelt: In Rosenheim baute man ein Spezialfahrgestell mit engen Rahmenwangen und setzte Komponenten des Typs U 1100 T mit Spurrolle ZW 55 S darauf, die auf Straße und Schiene noch für 40 km/h zugclassen werden konnte. Links unten ein solches Gefährt bei Probefahrten 1983 auf der Rhein-Haardtbahn.

Unter dem Namen „loctrac" verbirgt sich ein Spezialtraktor in besonders schienengerechter Zweiwege-Ausführung. Er basiert auf dem bekannten Arbeitsfahrzeug „MB-trac", den Daimler-Benz neben dem Unimog für Sonderaufgaben baut. Im Bild oben ein MB-trac 700 mit ZW-62-S-Rollen auf Schienen in Südafrika, Spurweite 1067 mm. Das Modell läuft auch in Zimbabwe.

Fotos: Rumary, Christopher, Zweiweg-Fahrzeug (2)

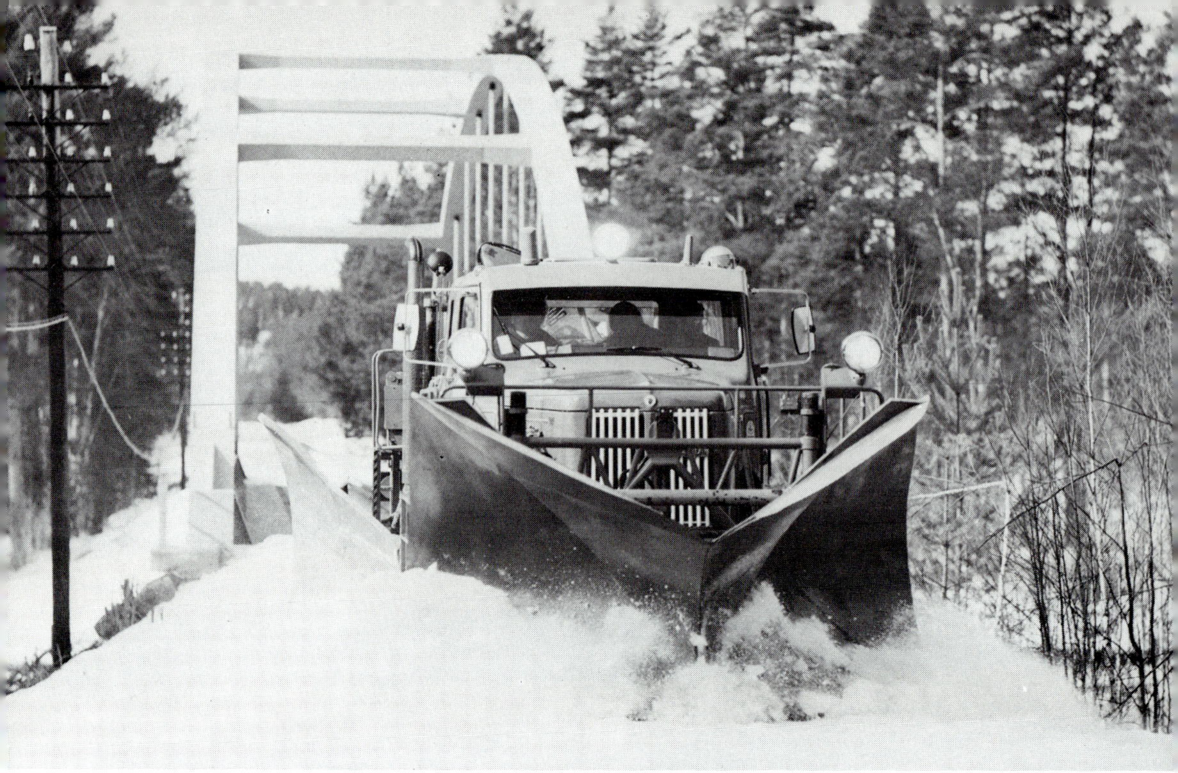

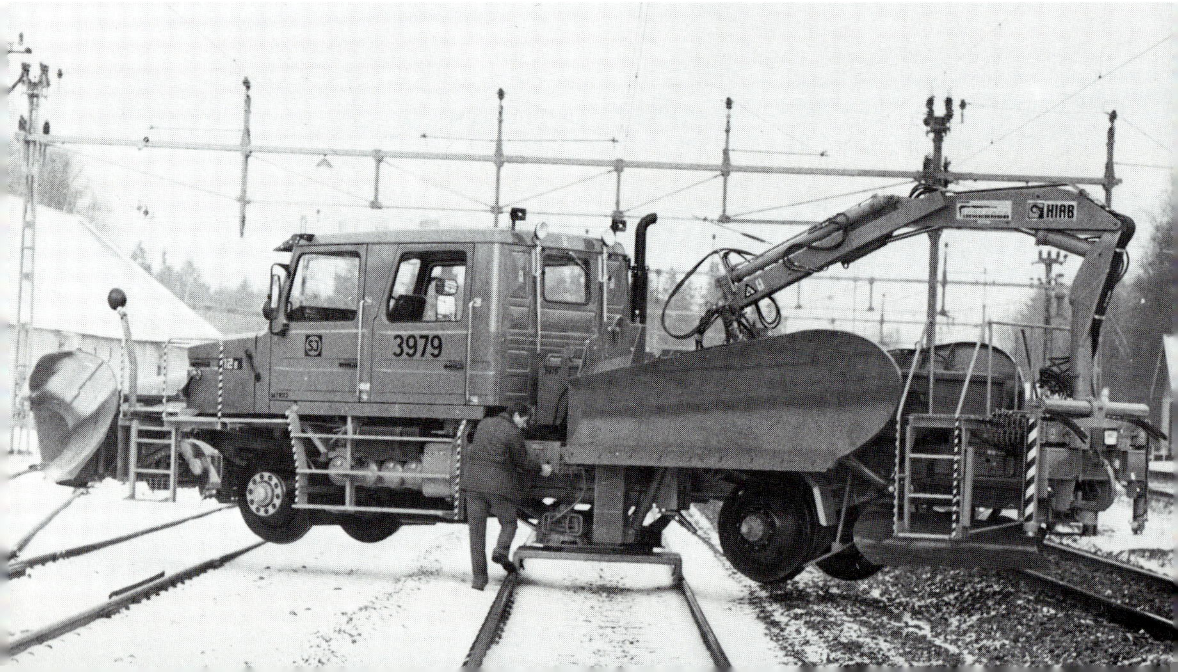
HIAB
SJ
3979

Die schwedischen „Pflugmotorschlepper"

Insgesamt 69 hochmoderne Arbeitsfahrzeuge auf Lastwagen-Basis haben die Schwedischen Staatsbahnen zwischen 1979 und 1983 in Dienst gestellt. Sie wurden im Scania-Bilar-Werk von Laxa gebaut. 51 Draisinen (bis Nr. 3961) basieren auf dem Scania L 111, die restlichen (3962–79) auf dem jüngeren Typ T 112. Beide Varianten haben Doppelkabine mit sechs Plätzen, einen 6-Tonnen-Kran und Halter für Schneepflüge vorn und seitlich. Sie werden für Wartungs- und leichte Räumarbeiten eingesetzt. Der Sechszylinder-Diesel von 11 Litern Hubraum gibt 206 PS ab und verleiht dem 21 Tonnen schweren Fahrzeug auf der Schiene eine Höchstgeschwindigkeit von 80 km/h. Die Bilder zeigen den Typ 111 mit Schneepflug (links oben) sowie den kantigen „Motortralla 112" beim Wenden mittels der hydraulisch betätigten Drehscheibe (links unten).

Einen Ford-Dreitonner aus den fünfziger Jahren setzten die norwegischen Sulitjelmabanen auf 1067-mm-Spur ein. Der Laster aus Köln mit dem zeitgerechten Kosenamen „Sputnik" hatte einen Dieselmotor. Das Gefährt war allerdings nicht besonders beliebt. Aufnahme (unten) 1964 in Schnee und Eis.

Fotos: Saab-Scania, Hugaas/Slg. Bjerke

Der Jeep auf Italiens Strecken

Weltweit bekannt und verbreitet war der amerikanische Geländewagen „Jeep MB" von Willys-Overland mit der 60 PS starken 2,2-Liter-Maschine aus dem Zweiten Weltkrieg. Viele Exemplare blieben in Europa stehen, und ab 1946 wurde auch der zivile „Universal-Jeep" nach dem alten Kontinent geliefert. Auffallend viele Jeeps finden sich auf Eisenbahngleisen in Italien wieder. Zumeist sind sie von Baufirmen hergerichtet und eingesetzt wor-

den, um kleine Anhänger zu ziehen. Höchst unterschiedlich sind die handgeschneiderten Aufbauten: unten ein Jeep mit Halbverdeck in Monterosso bei La Spezia im August 1977, oben ein Jeep mit Kofferaufbau in Siena am 16. Juni 1985, dessen Tür vom Fiat 1100 stammt. Beide Fahrzeuge laufen auf Regelspur von 1435 mm. Bei der Bahn Yverdon – Ste-Croix in der Schweiz sowie bei der indischen Kleinbahn von Dehri – Rohtas waren dagegen Jeeps auf Schmalspurschienen eingesetzt.

Fotos: Kirchner, Claus

Der „Rail-Rover"

Einen Jeep als Triebfahrzeug der indischen Kleinbahn Dehri – Rohtas, aufgenommen am 14. Januar 1970, zeigt das Bild oben. Das Auto selbst soll mit britischen Truppen dorthin gelangt sein; auch ein zweites Exemplar ist vorhanden. Besonders bemerkenswert ist der Antrieb. Während es nämlich bei Normalspur keine großen Probleme gibt, Spurkranzräder auf die Achsen zu stecken, ist beim Umbau auf Eisenbahn-Schmalspur meist der Kfz-Rahmen im Weg. Die Bahn in Indien hat 2 Fuß 6 Zoll (760/762 mm) Spurweite. Der Jeep wurde auf einen aus U-Profilen zusammengebauten, nicht abgefederten Rahmen gesetzt, dessen eine Achse man mittels Kette von der Jeep-Hinterachse antreiben ließ. Der Aufbau besteht aus Holz, Signale werden mit der Ballon-hupe gegeben. Mit Hilfe der auf dem Kotflügel sichtbaren Kurbel kann unter dem Wagen eine Wendevorrichtung abgelassen werden.

Seit 1948 wird im englischen Solihull der Geländewagen „Land Rover" für Landwirtschaft, Militär und Expeditionen gebaut. Über 1,3 Millionen Stück sind bisher gefertigt worden, und manche von ihnen sind auch auf Eisenbahnschienen gelangt. Zwei Fahrzeuglängen von 223 cm (Typ 88) und 277 cm (Typ 109) Radstand wurden angeboten, die Spurweite beider Achsen belief sich auf 131 cm. Hubraum und Leistung der Benzin- und Dieselmotoren wurden im Lauf der Jahre angehoben. Als das unten gezeigte Werkfoto entstand, war ein 2,3-Liter-Benziner mit 75 PS gängig, vorher eine Zweilitermaschine von 59 PS.

Fotos: Rumary, Land Rover/AMS

Schienenautos in Tunesien und Spanien

Vier Schienenautos aus dem Mittelmeerraum sind hier versammelt: Mit diversen Komponenten französischer Autos, vielleicht von Citroën, haben sich die tunesischen Bahnen beholfen. Das unten gezeigte Schienenauto der SNCFT lief auf Meterspur und konnte im Juni 1973 auf dem Bahnhof Sfax abgelichtet werden. Es ist ebenso eine „Draisine mit vielen Autoteilen" wie das Renault-Schienenauto auf Seite 46. Rechts oben eine Variante dieses Typs, nämlich ein Renault-Inspektionswagen der „F.C. de Soller" auf der Insel Mallorca,

bestückt mit einem kräftigen Kastenaufbau. Die Spurweite dort beträgt 914 mm. Bild vom September 1985.
Die beiden übrigen Aufnahmen kommen aus Spanien: Rechts in der Mitte ein „Dodge Falcon" im Baudienst der Staatsbahn RENFE bei La Encina im Sommer 1968, rechts unten ein abgestellter Schienen-Lkw der Eisenbahn „F.C. Andorra – Escatron" bei Alcañiz, die dem Kohlentransport zu einem Kraftwerk diente. Bild vom Juli 1973. Beide Fahrzeuge stehen auf Gleisen mit iberischer Breitspur von 1676 mm.

Fotos: Matzka, Stemmler (2), Glöckner

8. Kapitel:
Schienenautos in Osteuropa

Bei drei Bahnen im Einsatz:
Der „Warszawa" aus Polen

Ein kleines Kapitel Welt-Autogeschichte verkörpert der Typ „Warszawa" aus der Fabrik in der polnischen Hauptstadt Warschau. Nach dem Vorbild des amerikanischen „Nash" legten die sowjetischen GAZ-Fahrzeugwerke in Gorki diese fünfplätzige Limousine ab 1955 als „Pobjeda M 20 B" auf. Die „Fabryka Samochodow Osobowych" in Warschau baute den stattlichen Mittelklassewagen mit Motoren von 50 PS und 70 PS bald darauf in Lizenz und brachte auch einen Kombiwagen auf den Markt.

Die Bilder zeigen diesen Wagen, dessen Straßen-Spurweite von 1395/1402 mm ihn zum Umbau auf Eisenbahn-Normalspur geradezu prädestinierte, bei drei osteuropäischen Bah-

nen: Links oben bei der „DOKP Gdansk" (Eisenbahndirektion Danzig) im Heimatland Polen, gesehen mit Nummer 5071 am 15. Mai 1978 in Znin; Baujahr schätzungsweise 1965. Der links unten abgebildete Wagen ist bereits mit modernerem Kühlergrill ausgestattet. Dieser „Pft. 601" von FSO wurde am 6. Oktober 1983 im ungarischen Landbahnhof von Cegléd beobachtet. Schließlich der „Warszawa" als Kombi-Draisine bei den Tschechoslowakischen Staatsbahnen, vorgestellt in einem Pressebild von 1969. Eine Beschriftung ist nicht zu erkennen, dafür gefallen die Radzierdeckel und die einteilige Frontscheibe.

Auf dieser Seite unten ein Schienenauto der Rumänischen Staatsbahn (leider unbekannten Fabrikats) vor abgestellten Dampfloks auf dem Bahnhof Feteşti im Dezember 1982.

Fotos: Stemmler, Meyer-Eppler, Bek/Slg. Glöckner, Lacriteanu

Ungarische Schienenauto-Parade

Vier verschiedene ungarische „Autos auf Schienen" stellen sich vor:
Reinste Tropfenform im Automobilbau verkörpern die beiden ersten Wagen, die auf unterschiedlichen Spurweiten in Ungarn liefen. Die Frage nach dem Autotyp ist nicht leicht zu beantworten, denn solche Kurven (mit Kühlerschnauze) finden sich vom „Adler Autobahn" bis zum „Grégoire R" immer wieder. Da ein Heckmotor eingebaut zu sein scheint, könnte man auch an einen „Tatra" denken. Wer weiß mehr darüber?

Der Normalspurwagen (rechts oben) als „Pft. 507" wurde im August 1970 auf Bahnhof Szombathely gesehen, der schmalspurige Tropfenwagen mit Dachgepäckträger (Bild oben) im Herbst 1974 auf einer 76-cm-Waldbahn bei Miskolc. Vor ungarischen Arbeitszügen waren vielfach Lastwagen zu beobachten. Rechts in der Mitte der Wagen „Pft. 1101" mit Doppelkabine im Herbst 1966 auf Bahnhof Aszód, rechts unten ein ehemaliger „Dodge Weapon Carrier" als „Pft. 1134" mit angehängtem Gleisbaugerät unweit des Budapester Westbahnhofes, aufgenommen im Oktober 1977.

Fotos: Krause/Slg. Glöckner, Claus, Dr. Kubinszky (2)

Škoda und Studebaker auf Schienen

Verschiedene Varianten der erfolgreichen tschechischen Škoda-1200-Baureihe haben ihren Weg auf Schmalspurbahnen in osteuropäischen Ländern gefunden. Im Bild unten das „Wendemanöver" eines Kombis auf der Waldbahn von Cierny Balog im Juni 1978. Ein Vorgängermodell ist auf Seite 106 dargestellt. Auf der Seite rechts zwei jugoslawische Spezialitäten. Oben das 76 cm breite Schrottgleis im Bahnbetriebswerk von Titovo Uzice im September 1973, wo ein aus Amerika stammender Straßenkreuzer der frühen fünfziger Jahre sein Schienendasein beschließt.

Es ist tatsächlich einer der legendären, von Raymond Loewy entworfenen Studebaker in der 1950/51 gebauten Version mit vorderer „Propellernase" im Flugzeugstil und rückwärtiger Panoramascheibe. Im Gegensatz dazu steht die Fotografie rechts unten, die ein jüngeres sowjetisches Auto zeigt: Ab 1968 wurde im GAZ-Automobilwerk von Gorki dieser moderne „Wolga" mit der Typenbezeichnung GAZ-24 gebaut. Sein 2,4-Liter-Motor leistet 95 PS. Bei den Jugoslawischen Eisenbahnen kam ein solches Fahrzeug zum Schieneneinsatz, aufgenommen am 29. März 1976 auf Normalspur im Bahnhof Novska.

Fotos: Dr. Bauer, Stemmler (2)

Schienenautos bei Rumäniens Waldbahnen

Die rumänischen Waldbahnen, durchwegs in der vom alten Österreich herkommenden Spurweite von 760 mm angelegt, sind bis zum heutigen Tage eine besondere Fundgrube für den Freund von „Autos auf Schienen": Jedes Vehikel sieht ein wenig anders aus, und bei jedem kann man die Einzelheiten des Antriebs der Schmalspurachsen in anderer Form begutachten. Auch in Rumänien lief der „Škoda 1200" auf Schmalspurgleisen: oben ein etwa 1957 gebauter Dreitürer, im Mai 1969 auf der Waldbahn Oscadnica beobachtet. Fachmännisch sind hier die Radausschnitte verschlossen. Bei diesem Wagen ist unter der Karosse wieder deutlich ein neuer Rahmen für die 76-cm-Spur auszumachen.

Der Reigen geht rechts oben weiter mit der sowjetischen Repräsentationskutsche ZIS-110 der Baujahre 1946 bis 1956, einem Vorkriegs-Packard Super nachempfunden. Der Sechsliter-Achtzylinder gab 140 PS ab. Bei der „Apa minerale Borşec", der früheren Waldbahn Topliţa – Borşec, machte der Siebensitzer aus den Stalin-Motorenwerken im Juni 1984, als die Aufnahme entstand, noch einen ordentlichen Eindruck. Im Bild darunter ein moderner rumänischer Geländewagen, der Aro-240, bei der Waldbahn Covasna – Comandau gesehen im August 1982. Besonders ausgefallen der Vorderachswagen und die Drehscheibe unter dem Fahrzeug. Rechts unten ein bekanntes sowjetisches Modell: 1956 löste der „Wolga" in der Produktion des Werkes Gorki den „Pobjeda" ab. Der Motor wurde auf 2,4 l vergrößert und leistete in der hier gezeigten Serie GAZ-21 R der Baujahre 1965 bis 1975 immerhin 75 PS. Er wurde auf der rumänischen Waldbahn von Moldoviţa im Juni 1984 aufgenommen.

Fotos: Pfeiffer, Dr. Bauer (2), Friedrich/Slg. Wunschel

Waldbahn-Autos

Echte rumänische Waldbahnatmosphäre vermitteln auch die drei folgenden Aufnahmen der dort typischen Traktionsmittel. Unten zwei Lieferwagen der Marke „TV" (nach Tudor Vladimirescu, einem Nationalhelden) auf Streckenfahrt bei der Bahn von Vişeu de Sus im Juni 1985. Diese Wagen dienen dem Arbeiter- und Materialtransport sowie zur Bereisung der Strecke durch Ingenieure. Auf dersel-

ben Bahn und zur gleichen Zeit entstanden die Farbbilder rechts mit einem „Bucegi" (unten) aus der Fabrik „Roter Stern" in Brasov, wohl das Modell SR-113 mit einem V8-Benzinmotor von 130 bis 140 PS Leistung. Diese Type war auf 760-mm-Spur ebenso verbreitet wie der „russische Jeep" GAZ-69 aus Gorki mit Motoren von 52 bis 65 PS, der als M-461 in Rumänien unter Lizenz hergestellt worden ist. Das Bild rechts oben zeigt ihn im Juni 1985 vor der Garage in Vişeu de Sus.
Fotos: Dr. Bauer, Hill (2)

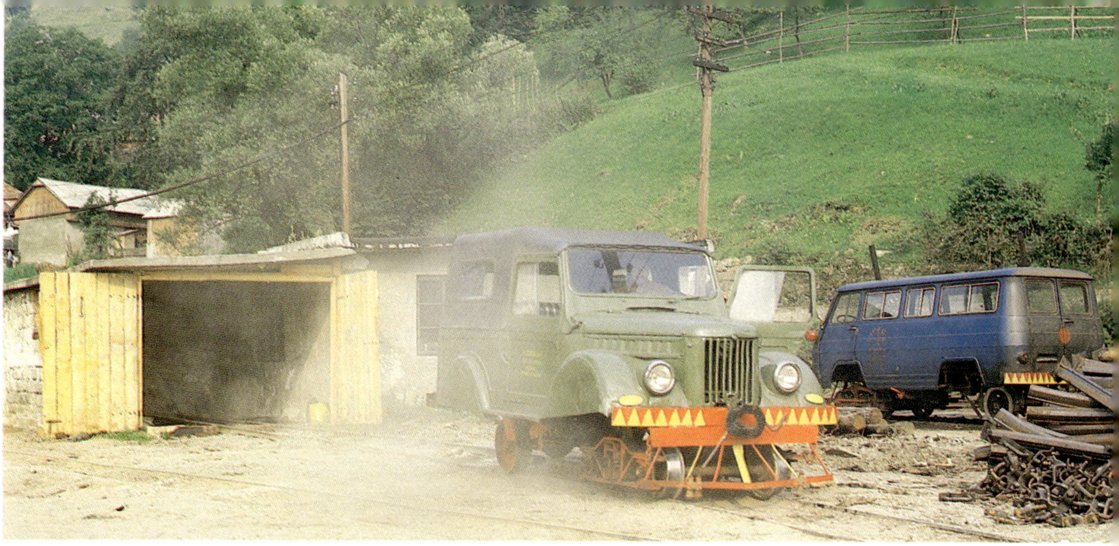

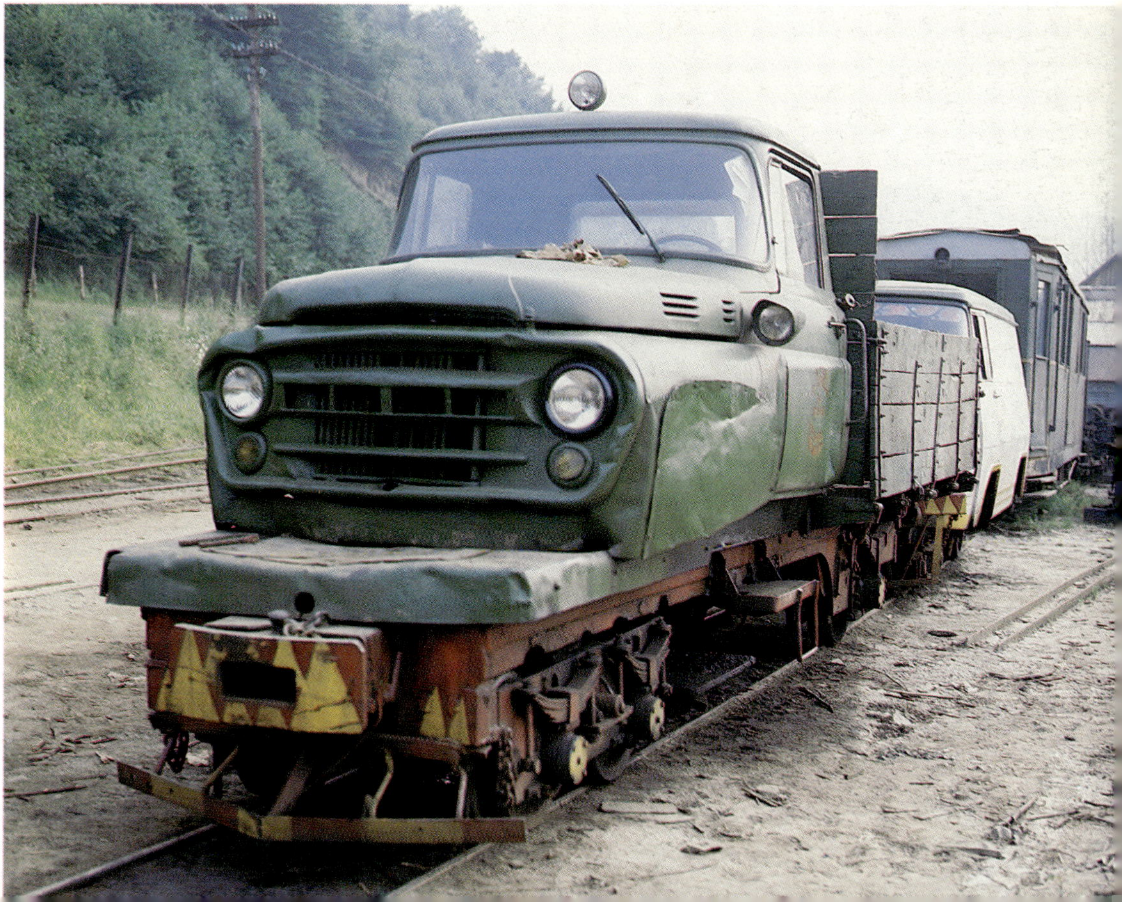

9. Kapitel:
Mit dem Schienenauto durch Südamerika

Ecuador und Peru

Mit einem Streifzug durch Südamerika und einem Blick auf die dortigen Schienenautos endet dieses Büchlein. Viele dünn besiedelte Gebiete in den Anden wurden von „Autos auf Schienen" mit den Zentren verbunden, und oft ist das heut noch so: Im Bild unten zwei „Ferrocarrile" unterschiedlicher Qualität auf der Bahn von Ibarra nach San Lorenzo in Ecuador, Fabrikate Mack und Thomas auf 1067-mm-Spur; aufgenommen 1980. Rechts zwei Bilder aus Peru, und zwar oben der Bus Nr. 50 der Bahn Cuzco – Santa Anax (914-mm-Spur) im März 1968, vielleicht früher bei der Denver & Rio Grande in den USA zuhause gewesen. Darunter ein Ford „Custom" Station Wagon von 1957 als Bahnmeisterfahrzeug in Huancayo auf der in Lima beginnenden Andenstrecke, der höchstgelegenen Eisenbahn der Welt. Aufnahme von 1980.

Fotos: Friz, Mayer, Sütel

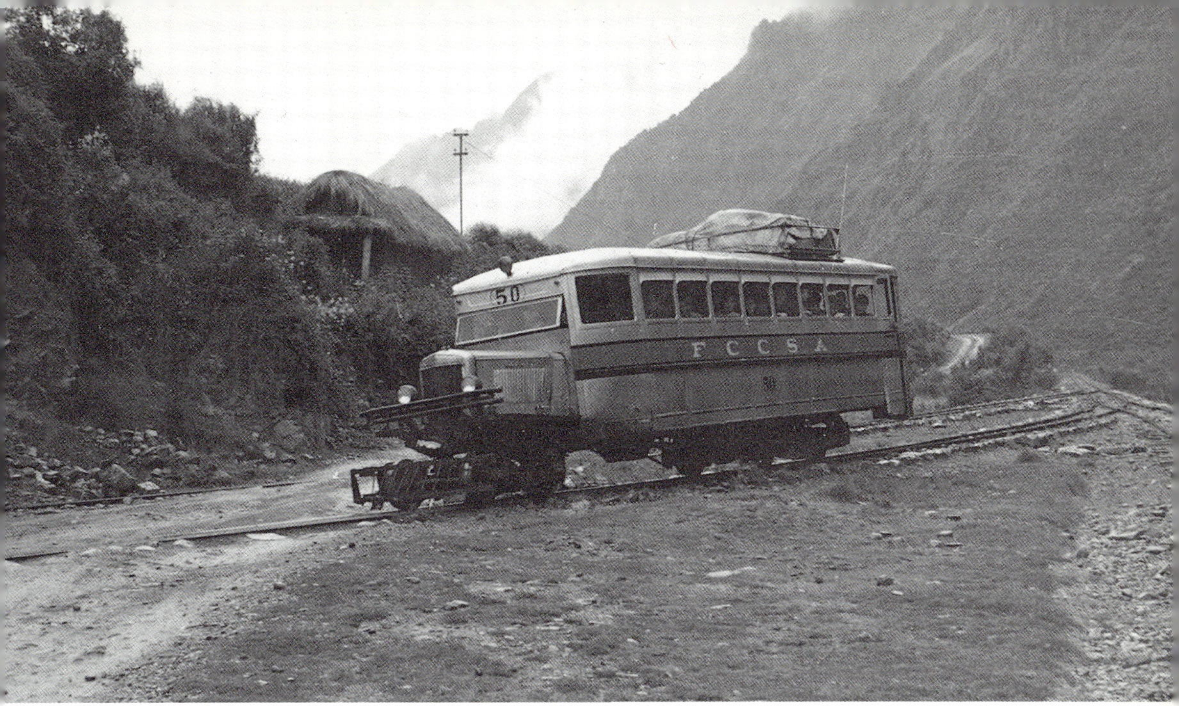
50
F C C S A

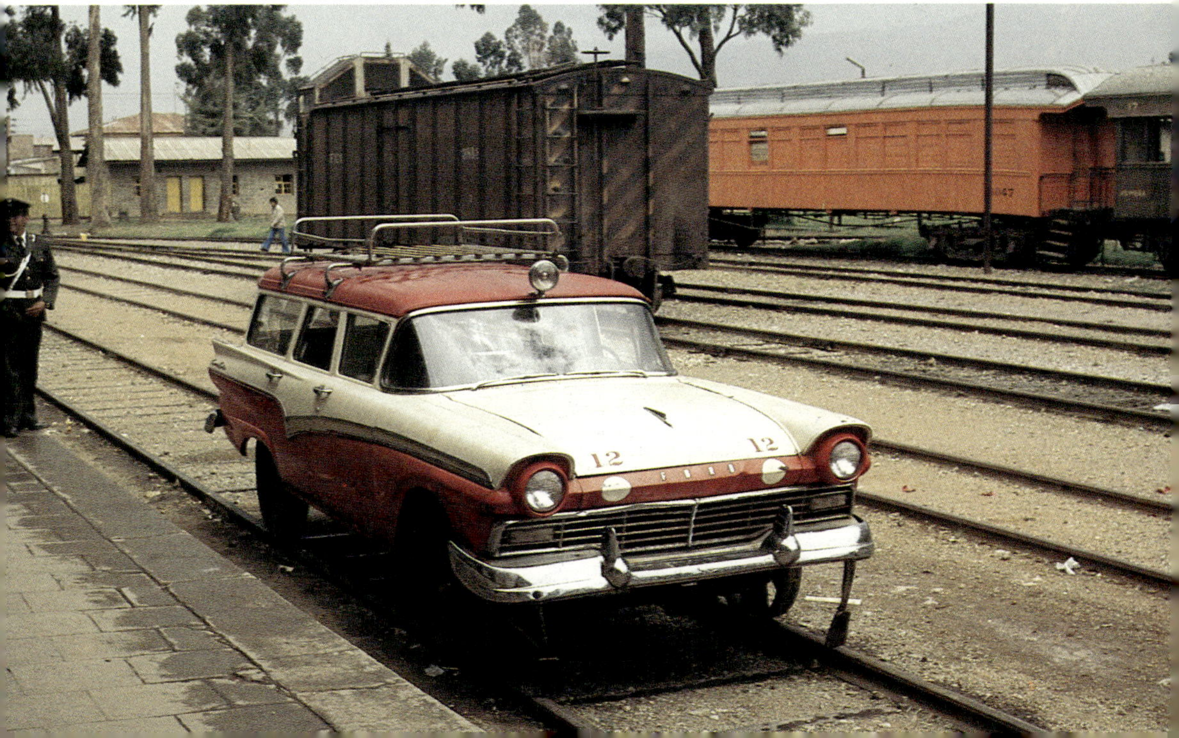
12
12

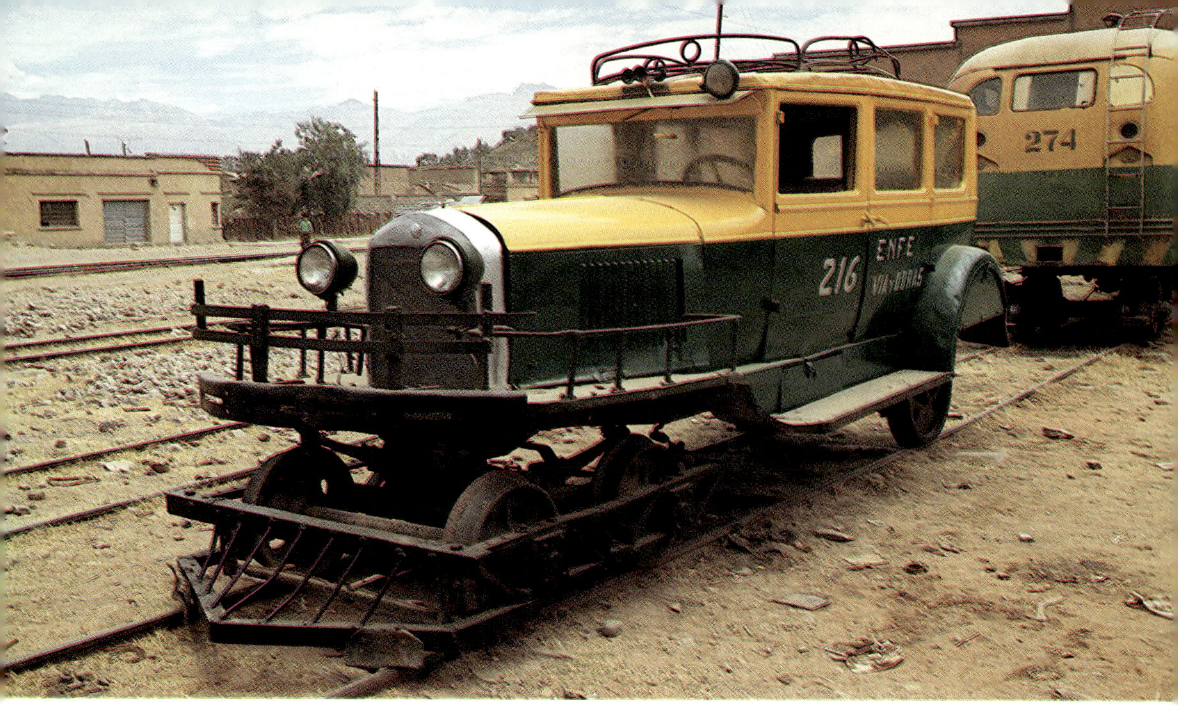
274
216
ENFE
VIA y OBRAS

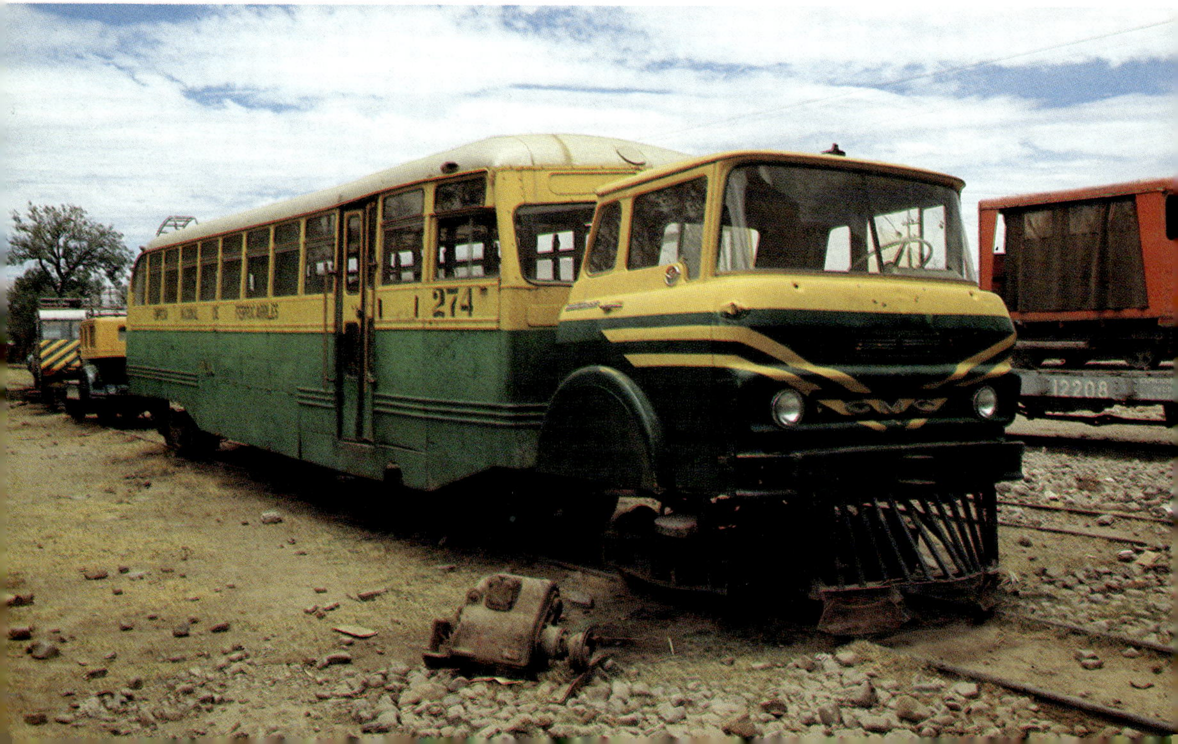
274
12208

Boliviens Schienenauto-„Gesellschaft"

Eine der größten „Sammlungen von Schienenautos", wenn dieser Begriff erlaubt ist, bildet der Fahrzeugbestand der „Empresa Nacional de Ferrocarriles (ENFE)" in Bolivien. Personenkraftwagen für Inspektionen, Lastwagen für den Baudienst und den Gütertransport, Omnibusse für den Personenverkehr – alles läuft auf Meterspurgleisen. Die drei Aufnahmen dieser Doppelseite entstanden am 22. Oktober 1978 im Depot Cochabamba des östlichen Netzteiles. Links oben ein Inspek-

tionsauto amerikanischer Herkunft vor einem Bus mit der Nummer 274, dessen Vorderfront die Aufnahme darunter zeigt. Hier hat man einen alten Busaufbau mit neuem Führerhaus von General Motors zu einer Art von Sattelschlepper zusammengebaut, der an die Borgwards von der Insel Sylt erinnert. Weitere Fahrzeuge dieser Bahn sind im LOK-MAGAZIN 124 abgebildet. Unten schließlich ein leichter Lastwagen der ENFE in Bolivien, wohl um 1950 von Ford gebaut. Wegen der kurvenreichen Strecken sind alle Autos vorn auf ein Drehgestell gesetzt.
Fotos: Dr. Koch (3)

Sonderzug-Autos in Chile und Mexiko

Bei der in Chile beginnenden Antofagasta (Chili) & Bolivia Railroad Company werden Schienenautos nicht nur für Inspektionsfahrten verwendet, sondern auch als Sonderzüge für eilige oder privilegierte Fahrgäste benutzt. Um einen Provinzgouverneur oder einen Bischof zu seinem Sprengel in den Bergen oder im Urwald zu bringen, besitzt diese Gesellschaft vier Autos auf Schienen. Wagen Nr. 4 ist der links oben gezeigte Dodge aus den zwanziger Jahren, der Zusatztanks für die 437 km lange Strecke zur bolivianischen Grenze besitzt. Aufnahme 1981 im Personenbahnhof Antofagasta. Darunter ein 1952 gebauter Chevrolet des Direktors der Bahn Arica – La Paz auf dem chilenischen Streckenabschnitt bei Puquios auf 3728 m über Meereshöhe, ebenfalls 1981 fotografiert. Der Wagen hat stets die Zugnummer 1 und wird bevorzugt abgefertigt. Beide Wagen liefen auf Meterspurgleisen.

Oben ein ganz ähnlich geformter Amerikaner des Jahres 1953, nämlich ein „Buick Special" mit den typischen drei „Bullaugen" seitlich der Motorhaube. Dieser Wagen war 1960 beim Neubau der mexikanischen Eisenbahnstrecke Chihuahua-Pacifico mit der Bahnnummer 2 auf Normalspur eingesetzt.

Fotos: Angerstein (2), Stédef/MVT Berlin

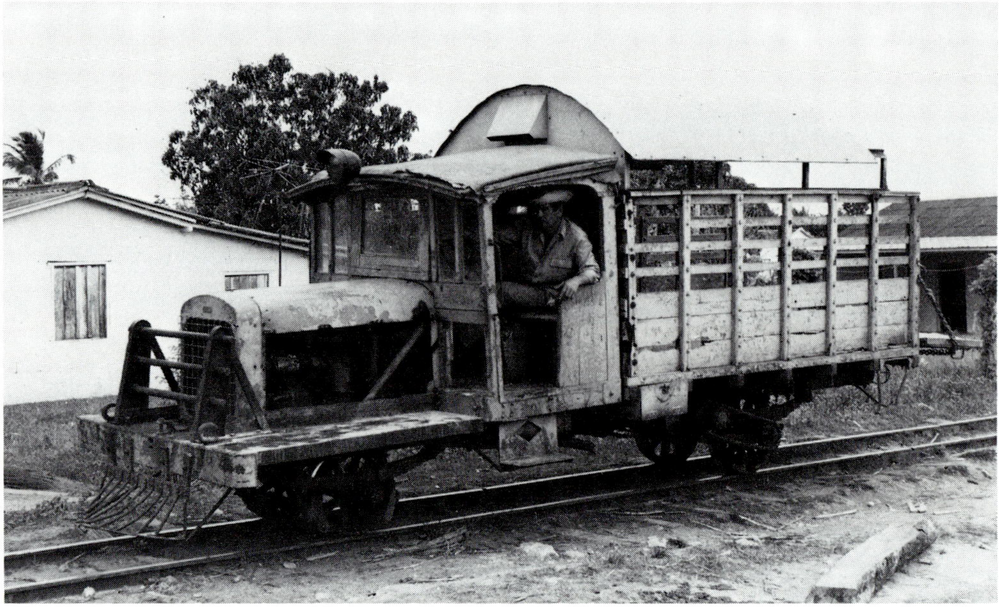

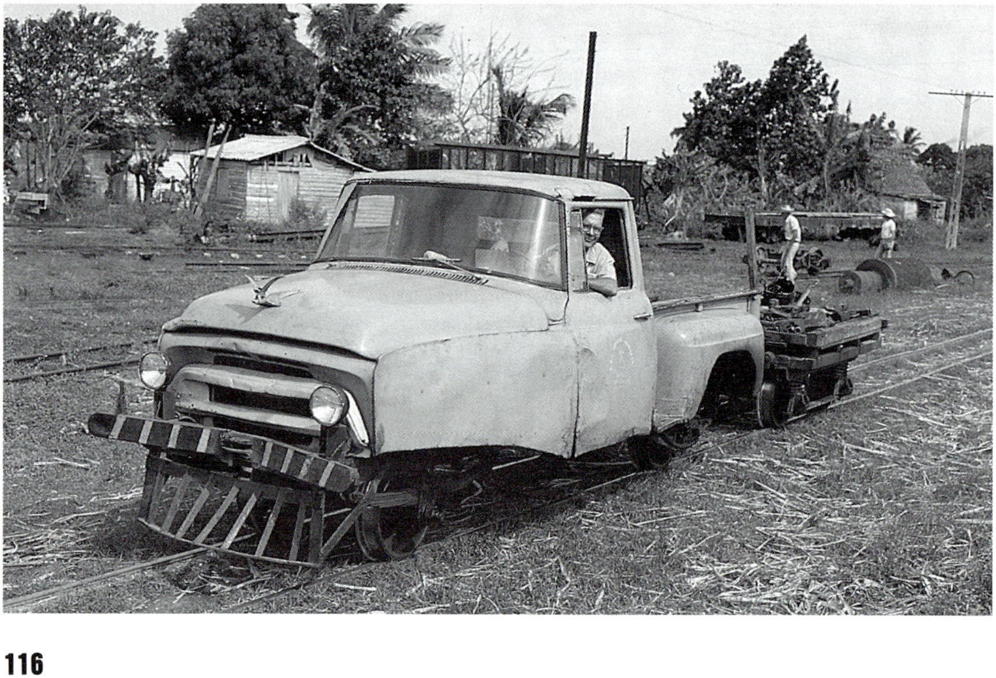

Selten auf Schienen: Der VW-Käfer

Auf den ersten Blick mag es verwundern, daß der anspruchslose und so zahlreiche VW-Käfer nicht häufiger den Weg auf die Bahngleise gefunden hat, wo doch mit dem „Kübel" von 1943 bereits ein Volkswagen auf Schienen existiert hatte und auch der „VW-Bus" bei der Bundesbahn rollte. Vermutlich wurde der „Käfer" als zu klein und zu leicht für den Bahndienst angesehen; es fehlte ihm auf Schienen noch mehr als sonst das zweite Türenpaar und ein geräumiger Kofferraum. So blieb es einer kanadischen Energiegesellschaft namens „Ontario Hydro" vorbehalten, als erste mit einem etwa 1968/69 gebauten „Einfach-Käfer" auf die Schiene zu gehen. Die Aufnah-

me unten ist 400 Kilometer nördlich von North Bay in der Provinz Ontario etwa 1974 entstanden. Der Wagen wurde bei der Wartung von Stromleitungen benutzt. Noch ein amüsantes Detail am Rande: „Eisenbahnschienen" hießen im Jargon der Zeit auch die 1967 bei VW eingeführten Kasten-Stoßfänger mit der schwarzen Zierlinie, die an diesem Auto zu sehen sind.

Bei kubanischen Zuckerfabriken befanden sich im Februar 1985 mehrere Schienenautos auf 705-mm-Spur: links oben ein älterer Laster bei der Fabrik „Central Simon Bolivar", links unten ein noch recht neuer Pickup bei der „Central Obdulio Morales". Leider sind nähere technische Angaben nicht bekannt.

Fotos: Cieslak (2), autopress

Ausblick

Schienenautos für morgen

Nach einhundert Jahren Autogeschichte und acht Jahrzehnten des Einsatzes von Autos auf Schienen steht ám Ende dieses vielfältigen Überblicks die Frage, ob es solche Vehikel auch in der Zukunft geben wird. Mancherlei Lieferungen der letzten Jahre geben die Antwort: Hilfsfahrzeuge wie die neuen Scania-Laster in Schweden und den Zweiwege-Unimog werden die Eisenbahnen immer benötigen. Die Zahl von Personenkraftwagen für Inspektionsfahrten auf Schienen ist überall stark rückläufig, weil man mit ihren Fahrten die Schnellfahrstrecken nicht unnötig belegen will. So bleiben als „Reservate" für Schienenautos und Schienenbusse mit Autoteilen noch die Länder der Dritten Welt, die so weiterhin zu billigen Schienenfahrzeugen kommen, und kleine Industriebetriebe, die gern einmal improvisieren und auf die strengen Vorschriften der Staatsbahnen nicht angewiesen sind. Und statt der Globetrotter mit dem Schienenauto, wie es sie in den zwanziger Jahren gab, sind es heute die Filmleute, die sich ausgefallene Wünsche erfüllen: im Bild unten ein Citroën-Kombiwagen der Berliner Firma „Travelling Cine Service" mit Sessel für Kameramann und Assistenten – und mit Schienenrädern!

Foto: TCS/Pedü

Literaturverzeichnis

1907: „Ein Unfall Gliddens auf seiner Weltreise". – In: Allgemeine Automobil-Zeitung (AAZ) Nr. 5/1907, S. 71, und Nr. 9/1907, S. 43.

1908: „Das Automobil im Dienste der Eisenbahn", von Paul Martell. – In: AAZ Nr. 21/1908, S. 33.

1917: „Umwandlung eines Kraftwagens in eine Lokomotive". – In: Motor-Welt Nr. 17–18/1917, S. 1.

1917: „Kraftwagen auf Schienen". – In: AAZ Nr. 5/1917, S. 9.

1920: „Umbau von Kraftwagen in Schienenfahrzeuge", von H. Albrecht. – In: AAZ Nr. 17/1920, S. 23.

1920: „Über Nutzkraftwagen", von Schneider. – In: AAZ Nr. 29/1920, S. 19.

1926: „Von Winnipeg nach Victoria. Eine 2000-Meilen-Fahrt in Kanada". – In: „Motor" Nr. 2/1926, S. 30.

1931: „Autobus für Schiene und Straße", von Baumann. – In: Verkehrstechnische Woche Nr. 11/1931, S. 157.

1933: „Autos auf Schienen", von H. und B. von Römer. – In: Motor-Tourist Nr. 1/1933, S. 9.

1939: „Die Eisenbahn ins Haus", von Johann Culemeyer. – Berlin (Otto Elsner) 1939.

1952: „Entwicklung der Triebwagen mit Brennkraftmaschinen bei den ÖBB", von J. Bazant. – In: Eisenbahn (Wien) Nr. 4/1952, S. 89, und Nr. 5/1952, S. 111.

1954: „Zwei-Wege-Fahrzeuge", von Herbert Gretzschel. – In: Bundesbahn Nr. 16/1954, S. 760.

1955: „Der Fahrzeugpark der Deutschen Bundesbahn und neue, von der Industrie entwickelte Schienenfahrzeuge", von Heinrich Lehmann und Erhard Pflug. – Berlin (Siemens) 1955, S. 225 und S. 236.

1958: „Nebenfahrzeuge für Rationalisierungsaufgaben der Deutschen Bundesbahn", von Otto Rupp. – In: Bundesbahn Nr. 23/1958, S. 1320.

1956: „Fahrzeuge des Haus-Haus-Verkehrs", von Herbert Gretzschel. – In: Glasers Annalen Nr. 2/1956, S. 54.

1967: „Letzter Stra-Schie-Bus fährt ins Museum". – In: Bundesbahn Nr. 13–14/1967, S. 473.

1968: „Vom Doppeldeck-Autobus zum Kleinbahn-Triebwagen", von Siegfried Münzinger. – In: Berliner Verkehrs-Blätter Nr. 12/1968, S. 1.

1977: „Transport-Systeme", von Ingo Kasten. – In: Lastauto-Omnibus-Katalog 1977 (Stuttgart 1977), S. 16.

1979: „Der Lkw auf Schienen", von Benno Wiesmüller. – In: Eisenbahn-Magazin Nr. 11/1979, S. 64.

1980: „Die Straßen-Schienen-Omnibusse der Deutschen Bundesbahn", von Wolfgang Stoffels. – Karlsruhe (Heft 25 der Reihe „Eisenbahnen und Museen" der Deutschen Gesellschaft für Eisenbahngeschichte) 1980.

1982: „Lokomotiven aus der Automobilfabrik", von Schrader. – In: Automobil- und Motorrad-Chronik Nr. 2/1982, S. 48.

1983: „Automobile auf Schienen", von Manfred Winkler. – In: A-M-Chronik Nr. 9/1983, S. 48.

1984: „Der Schienenbus", von Hans J. Klersy. – In: Gute Fahrt Nr. 9/1984, S. 84.

1984: „Autos auf Schienen", von Alfred Gottwaldt. – In: LOK-MAGAZIN Nr. 124 (1984), S. 8.

1985: „Schienen-Lastkraftwagen bei den ÖBB", von Alfred Horn. – In: Eisenbahn Nr. 6/1985, S. 101, und Nr. 8/1985, S. 160.

1985: „Autos auf Schienen", von Ulrich Kubisch. – In: Markt für klassische Automobile Nr. 6/1985, S. 32.

1985: „Bilar på räls" (Autos auf Schienen), von Ekström, Ericson und Karlsson. – Stockholm 1985.

1986: „Typen und Modelle beim Schi-Stra-Bus", von Alfred Gottwaldt. – In: LOK-MAGAZIN 137.